別冊

発音のルール

三修社

発音のルール

　ハングル表記の条件によっては発音か変化することが多いです。ここでは発音の変化の
ルールを説明します。ここの説明を参考にしながら学習を進めて行く中で出てくる発音の
変化を確認しましょう。

※発音のルールに入る前に

가. パッチムの発音：パッチムの発音は7つの発音に代表されます。

発音	パッチムの形	
	パッチム	パッチム：2文字
① ㄱ (k)	ㄱ , ㅋ , ㄲ	ㄳ , ㄺ
② ㄴ (n)	ㄴ	ㄵ , ㄶ
③ ㄷ (t)	ㄷ . ㅌ . ㅅ . ㅆ , ㅈ , ㅊ , ㅎ	
④ ㄹ (l)	ㄹ	ㄼ , ㄳ , ㄾ , ㅀ
⑤ ㅁ (m)	ㅁ	ㄻ
⑥ ㅂ (p)	ㅂ , ㅍ	ㅄ , ㄿ
⑦ ㅇ (ŋ)	ㅇ	

※補足：2文字パッチムの発音

・左を発音するパッチム：ㄳ , ㄵ , ㄶ , ㄼ , ㄳ , ㄾ , ㅀ , ㅄ
　　例外：「ㄼ」パッチムは右を発音する単語もあります。
　　　　밟다［**밥따**］、넓죽하다［**넙**쭈카다］　など

・右を発音するパッチム：ㄺ , ㄻ , ㄿ
　　例外：動詞・形容詞の「ㄺ」パッチムは、活用形によって「ㄱ」の前では左を発音します。
　　　　읽고［**일꼬**］（読んで），밝고［**발꼬**］（明るくて）など

나.「ㅖ」の発音

» ①「ㄹ」を除いた子音の後に「ㅖ」が続くと、実際「ㅔ」と発音することが多いので、「ㅔ」
　と発音することは許容されます。
　＊「- 예요」の発音は［에요］と覚えましょう。

例：　저예요 ［저에요］（私です）

얼마예요？［얼마에요］（いくらですか）

» ②「標準発音法」第5項によると「예，례」以外の「ㅖ」は［ㅖ］、［ㅔ］のどちらでも
発音できます。

例：　은혜 ［은혜 / 은헤］（恩恵）　　시계 ［시계 / 시게］（時計）

다.「의」の発音

「의」は次のように3つの発音があります。

実際の発音

① 語頭では ［의（ウィ）］　　　例：　의사（医師）→ ［의사 **ウィサ**］
② 語頭以外では「이（イ）」　　　例：　회의（会議）→ ［회이 **フェイ**］

　他の子音と一緒だと「이（イ）」　例：　희다（白い）→ ［**히다 ヒダ**］
③「〜の」という助詞のときは「에（エ）」

例：　친구의 차（友達の車）→ ［친구에 차 **チングエ　チャ**］

※ 편의점（コンビニ）の発音の変化を見てみましょう。
편의점はまず、「의」の発音のルールのよって ［편이점］ になり、
そこから連音化して、最終的な発音は **［펴니점］** になります。
편의점 → ［**편이**점］ → **［펴니**점］

例：　講義　강의 ［강이］　　模様　　　무늬 ［무니］
協議　협의 ［**혀비**］　　分かち書き　띄어쓰기 ［**띠어쓰기**］
私たちの希望　우리의 희망 ［우리에 **히**망］

1．有声音化

① 　平音の「ㄱ，ㄷ，ㅂ，ㅈ」は語頭では「k、t、p、tʃ」と発音されますが、語頭以外、
つまり母音の直後や母音に挟まれると濁音の「g、d、b、dʒ」に発音されます。

例：　肉　　**고기** [kogi]　　　　靴　　**구두** [kudu]
夫婦　**부부** [pubu]　　　とても　**아주** [adʒu]

練 習　発音してみましょう。
①家具　**가구**　　②ここ　**여기**　　③海　　　**바다**
④ぶどう　**포도**　　⑤豆腐　**두부**　　⑥ひまわり　**해바라기**
⑦なす　**가지**　　⑧地震　**지진**　　⑨床　　　**바닥**

② パッチムの「ㄴ , ㅁ , ㄹ , ㅇ」の直後の「ㄱ , ㄷ , ㅂ , ㅈ」は濁音の「g、d、b、dʒ」に発音されます。

例：　問題　**문제** [mundʒe]　　　南部　**남부** [nambu]
　　　翼　　**날개** [nalgɛ]　　　冗談　**농담** [noŋdam]

練　習　発音してみましょう。
① 石橋　**돌다리**　　② 風邪　**감기**　　③ 中国　**중국**
④ 袋　　**봉지**　　　⑤ 玉子　**달걀**　　⑥ 指輪　**반지**

※注意：「ㄹ」の後に続く「ㄱ , ㄷ , ㅂ , ㅈ」は濃音化されることもあります。
　　　　　出てきたときに確認して覚えましょう。

例：　発展　**발전** [balʔtʃən 발쩐]　　月夜　**달밤** [dalʔpam 달빰]

2．連音化

① パッチムの後に「ㅇ」が続く場合、パッチムの音は「ㅇ」に移動して発音されます。

例：　単語　　　　단어 [다너]　　　　日曜日　　　일요일 [이료일]
　　　花が　　　　꽃이 [꼬치]　　　　外に　　　　밖에　[바께]
　　　食べます　먹어요 [머거요]　　作ります　만들어요 [만드러요]
　　　これから　앞으로 [아프로]　　食べました　먹었어요 [머거써요]

② 2文字パッチムの後に「ㅇ」が続く場合、右のパッチムの音（「ㅇ」に近い方）が「ㅇ」に移動して発音されます。

例：　座れば　앉으면 [안즈면]　　　若くて　젊어서 [절머서]

※パッチムの後に「아 , 어 , 오 , 우 , 위」が続く場合、パッチムは代表音に変えてから発音されます。

例：　おいしくない　맛없다　→　맏업따　→　[마덥따]
　　　沼の前　　　　늪앞　→　늡압　→　[느밥]

ただし、「맛있다（おいしい）, 멋있다（かっこいい）」は
　　　　[마싣따]　　　　　　　[머싣따] で発音されるのも認められています。

練 習　実際の発音を書いてみましょう。

① 日本語　　　　일본어　→　[_____]

② 新人　　　　　신인　　→　[_____]

③ ごはんを　　　밥을　　→　[_____]

④ 横に　　　　　옆에　　→　[_____]

⑤ 読みます　　　읽어요　→　[_____]

⑥ 知っています　알아요　→　[_____]

⑦ あります　　　있어요　→　[_____]

3．鼻音化

「ㄱ，ㄷ，ㅂ」音のパッチムの後に「ㄴ，ㅁ」字が続くと、パッチムはそれぞれ「ㅇ，ㄴ，ㅁ」と発音されます。

① ㄱ (ㅋ，ㄲ，ㄳ，ㄺ) ＋ㄴ→　ㅇ＋ㄴ
　　例：　掻く（連体形）　긁는 [긍는]

　ㄱ (ㅋ，ㄲ，ㄳ，ㄺ) ＋ㅁ→　ㅇ＋ㅁ
　　例：　韓国語　한국말 [한궁말]

② ㄷ (ㅅ．ㅆ，ㅈ，ㅊ，ㅌ，ㅎ) ＋ㄴ　→　ㄴ＋ㄴ，
　　例：　吠える（連体形）　짖는 [진는]

　ㄷ (ㅅ．ㅆ，ㅈ，ㅊ，ㅌ，ㅎ) ＋ㅁ　→　ㄴ＋ㅁ
　　例：　歯茎　잇몸 [인몸]

③ ㅂ (ㅍ，ㄼ，ㄿ，ㅄ) ＋ㄴ　→　ㅁ＋ㄴ
　　例：　〜です　입니다 [임니다]

　ㅂ (ㅍ，ㄼ，ㄿ，ㅄ) ＋ㅁ　→　ㅁ＋ㅁ
　　例：　十万　십만 [심만]

練 習　実際の発音を書いてみましょう。

① スープ、汁　　国물　→　[＿＿＿＿＿＿＿＿]

② 鼻水　　　　　콧물　→　[＿＿＿＿＿＿＿＿]

③ 受ける　　　　받는다　→　[＿＿＿＿＿＿＿＿]

④ 前庭　　　　　앞마당　→　[＿＿＿＿＿＿＿＿]

⑤ 土だけ　　　　흙만　→　[＿＿＿＿＿＿＿＿]

⑥ 花言葉　　　　꽃말　→　[＿＿＿＿＿＿＿＿]

⑦ します　　　　합니다　→　[＿＿＿＿＿＿＿＿]

※「ㅁ , ㅇ」パッチムの直後に「ㄹ」字が来ると、「ㄹ」は「ㄴ」と発音されます。（＊流音「ㄹ」の鼻音化も参照）

　例：　侵略　침략［침**냑**］　　大統領　대통령［대통**녕**］

4．激音化（「ㅎ」音との同化）

① 「ㄱ（ㄺ）, ㄷ, ㅂ（ㄼ）, ㅈ（ㄵ）」音のパッチムの後に「ㅎ」が続くと、「ㅎ」と同化してそれぞれ「ㅋ , ㅌ , ㅍ , ㅊ」と発音されます。

　例：　ㄱ音のパッチム　＋　ㅎ　→　ㅋ：축하　［추**카**］　　祝賀
　　　　ㄷ音のパッチム　＋　ㅎ　→　ㅌ：맏형　［마**텽**］　　長兄
　　　　ㅂ音のパッチム　＋　ㅎ　→　ㅍ：입학　［이**팍**］　　入学
　　　　ㅈ音のパッチム　＋　ㅎ　→　ㅊ：꽂히다［꼬**치**다］　刺される

② 「ㅎ（ㄶ , ㅀ）」パッチムの後に「ㄱ , ㄷ , ㅈ」が続くと、それぞれ「ㅋ , ㅌ , ㅊ」と発音されます。

　例：　ㅎパッチム　＋　ㄱ　→　ㅋ：놓고　［**노코**］　　おいて
　　　　ㅎパッチム　＋　ㄷ　→　ㅌ：좋다　［조**타**］　　良い
　　　　ㅎパッチム　＋　ㅈ　→　ㅊ：좋지만［조**치**만］　いいけど

練 習　実際の発音を書いてみましょう。

① 座らせる　　　앉히다　→　[＿＿＿＿＿＿＿＿＿]

② デパート　　　백화점　→　[＿＿＿＿＿＿＿＿＿]

③ 着せる　　　　입히다　→　[＿＿＿＿＿＿＿＿＿]

④ できません　못해요　→　[_____]

⑤ よくて　　　좋고　　→　[_____]

⑥ 多い　　　　많다　　→　[_____]

⑦ 積むけど　　쌓지만　→　[_____]

⑧ 病む　　　　앓다　　→　[_____]

５．「ㅎ」音の弱音化

　　標準発音法　第12項4によると、2音節目以降の初声にくる「ㅎ」はそのまま「ㅎ」の音で発音するのを原則としていますが、実際の発音は、「ㄴ, ㄹ, ㅁ, ㅇ」音のパッチムの後の「ㅎ」や、母音の直後に「ㅎ」が続くと「ㅎ」の音は弱くなります。

　　また、「ㅎ」の音が弱くなることで「ㄴ, ㄹ, ㅁ, ㅇ」音は連音します。

　　ここでは実際の発音を身につけたいので「ㅎ」音の弱音化について説明します。

```
例：　ㄴ音のパッチム　＋　ㅎ　→　ㄴ：은행　　[으냉]　に近い　　銀行
　　　ㄹ音のパッチム　＋　ㅎ　→　ㄹ：결혼　　[겨론]　に近い　　結婚
　　　ㅁ音のパッチム　＋　ㅎ　→　ㅁ：밤하늘　[바마늘]に近い　　夜空
　　　ㅇ音のパッチム　＋　ㅎ　→　ㅇ：이해　　[이애]　に近い　　理解
```

練　習　　近い発音を書いてみましょう。

① 全然　　전혀　　→　[_____] に近い

② 実験　　실험　　→　[_____] に近い

③ 南下　　남하　　→　[_____] に近い

④ 後悔　　후회　　→　[_____] に近い

⑤ 上手だ　잘하다　→　[_____] に近い

⑥ 恩恵　　은혜　　→　[_____] に近い

６．「ㅎ」パッチムの発音

① 「ㅎ, ㄶ, ㅀ」パッチムの後に「ㅇ」が続く場合、「ㅎ」は発音されません。（「ㅎ」音の無音化）

　　例：　いいです　좋아요 [조아요]　　離します　놓아요 [노아요]

※2文字パッチム「ᆭ，ᆶ」の場合、「ㅎ」の音が消えると残っているパッチムが「ㅇ」に移動して発音されます。

例：　結構です　괜찮아요 [괜**차**나요]　　多いです　많아요 [마**나**요]
　　　嫌いです　싫어해요 [시**러**해요]　　失うと　　잃으면 [이**르**면]

② **パッチム「ㅎ」＋「ㄴ」**
　　「ㅎ」パッチムの後に「ㄴ」が続くと「ㅎ」は「ㄴ」音に変わります。

例：　積んでいますね　쌓네요 [**싼**네요]

※2文字パッチム「ᆭ，ᆶ」の場合、「ㅎ」の音が消えます。

例：　～ないですね　않네요 [**안**네요]
　　　失うもの　　　잃는 것 [**일**른걷]

③ **パッチム「ㅎ」＋「ㅅ」**
　　「ㅎ，ᆭ，ᆶ」パッチムの後に「ㅅ」が続くと濃音化し「ㅆ」と発音されます。

例：　そうです　그렇소 [그러**쏘**]
　　　多いです　많소　[만**쏘**]　　その通りだ　옳소 [올**쏘**]

7．濃音化

「ㄱ，ㄷ，ㅂ」音のパッチムの後に「ㄱ，ㄷ，ㅂ，ㅅ，ㅈ」が続くと、それぞれ「ㄲ，ㄸ，ㅃ，ㅆ，ㅉ」と発音されます。

例：　① 　ㄱ (ㅋ，ㄲ，ㄳ，ㄺ) パッチム
　　　ㄱ音のパッチム　＋　ㄱ　→　ㄲ：국가 [국**까**]　国家
　　　ㄱ音のパッチム　＋　ㄷ　→　ㄸ：깎다 [깍**따**]　削る、値引く

　　　② 　ㄷ (ㅅ．ㅆ，ㅈ，ㅊ，ㅌ，ㅎ) パッチム
　　　ㄷ音のパッチム　＋　ㄷ　→　ㄸ：듣다　　 [듣**따**]　　聞く
　　　ㄷ音のパッチム　＋　ㅅ　→　ㅆ：있습니다 [읻**씀**니다]　あります
　　　ㄷ音のパッチム　＋　ㅈ　→　ㅉ：숫자　　 [숟**짜**]　　数字

　　　③ 　ㅂ (ㅍ，ㄼ，ㄿ，ㅄ) パッチム
　　　ㅂ音のパッチム　＋　ㅅ　→　ㅆ：집세 [집**쎄**]　家賃
　　　ㅂ音のパッチム　＋　ㄱ　→　ㄲ：덮개 [덥**깨**]　蓋

実際の発音を書いてみましょう。

① クッパ 　国밥 　→ 　[＿＿＿＿＿＿＿＿＿＿＿＿]
② 昼寝 　 낮잠 　→ 　[＿＿＿＿＿＿＿＿＿＿＿＿]
③ 隣家 　 옆집 　→ 　[＿＿＿＿＿＿＿＿＿＿＿＿]
④ 入国 　 입국 　→ 　[＿＿＿＿＿＿＿＿＿＿＿＿]
⑤ 高い 　 높다 　→ 　[＿＿＿＿＿＿＿＿＿＿＿＿]
⑥ 花束 　 꽃다발 →　[＿＿＿＿＿＿＿＿＿＿＿＿]

※「ㄴ (ᆬ) , ㅁ (ᆱ)」パッチムの後に「ㄱ , ㄷ , ㅅ , ㅈ」が続くと、それぞれ「ㄲ , ㄸ , ㅆ , ㅉ」と発音します。

　例： 履く 　 신다 [신따] 　 若い 　　　　 젊다 [점따]
　　　 座って 앉고 [안꼬] 　 似て（いない）닭지 [담찌]

※漢字語で「ㄹ」パッチムの後に「ㄷ , ㅅ , ㅈ」が続くと、それぞれ「ㄸ , ㅆ , ㅉ」と発音します。

　例： 葛藤 　 갈등 [갈뜽] 　 抹殺 　 말살 [말쌀]
　　　 発展 　 발전 [발쩐] 　 窃盗 　 절도 [절또]

※合成語の場合、後ろの言葉の初声「ㄱ , ㄷ , ㅂ , ㅅ , ㅈ」は「ㄲ , ㄸ , ㅆ , ㅉ」と発音されます。

　例： 강 (川) 　　 ＋ 　가 (辺) 　　 → 　강가 [강까] 　　 川辺
　　　 치 (歯) 　　 ＋ 　과 (科) 　　 → 　치과 [치꽈] 　　 歯科、歯医者
　　　 눈 (目) 　　 ＋ 　동자 (瞳孔) → 　눈동자 [눈똥자] 　瞳
　　　 아침 (朝) 　 ＋ 　밥 (ごはん) → 　아침밥 [아침빱] 　朝ごはん
　　　 산 (山) 　　 ＋ 　새 (鳥) 　　 → 　산새 [산쌔] 　　 山鳥
　　　 술 (酒) 　　 ＋ 　잔 (グラス) → 　술잔 [술짠] 　　 さかずき
　　　 눈 (雪) 　　 ＋ 　사람 (人) 　→ 　눈사람 [눈싸람] 　雪だるま

※文型の「-(으) ㄹ」の後に続く、「ㄱ , ㄷ , ㅂ , ㅅ , ㅈ」は「ㄲ , ㄸ , ㅃ , ㅆ , ㅉ」と発音されます。

　例： 하다 (する) ＋ 것을 (ことを) 　　　 → 할 것을 [할꺼슬] 　 することを
　　　 하다 (する) ＋ 적에 (ときに) 　　　 → 할 적에 [할쩌게] 　 するときに
　　　 하다 (する) ＋ 수 없다 (できない) → 할 수 없다 [할쑤업따]
　　　　　　　　　　　　　　　　　　　　　　　 できない、しかたない
　　　 하다 (する) ＋ 밖에 (しか) 　　　　 → 할밖에 [할빠께] 　 するしか

8．流音化（舌側音化）

パッチムと続く子音が「ㄴ＋ㄹ」「ㄹ＋ㄴ」は「ㄹ＋ㄹ」と発音されます。

    ㄴパッチム　＋　ㄹ　→　ㄹ＋ㄹ：신라 [**실라**]　新羅

    ㄹパッチム　＋　ㄴ　→　ㄹ＋ㄹ：설날 [**설랄**]　正月

例： 連絡　연락 [**열락**]　　洪水騒ぎ　물난리 [**물랄리**]

      刃　　칼날 [**칼랄**]　　暖炉　　난로　[**날로**]

      千里　천리 [**철리**]　　縄跳び　줄넘기 [**줄럼끼**]

※ただし、合成語は「ㄴ＋ㄴ」と発音されます。

例： 生産量　생산량 [생산**냥**]　　球根類　구근류 [구근**뉴**]

      入院料　입원료 [이뷘**뇨**]　　意見欄　의견란 [의견**난**]

※「ㄹ＋ㄹ」、「ㄴ＋ㄴ」のどちらでも発音されるもの。

  ①「신라면」「진라면」などの商品名はどちらでも発音されます。まず、舌側音化すると [실라면] [질라면] と発音できます。また、合成語として [신나면] [진나면] とも発音できます。これらはまだ『標準国語大辞典』に載っていないためどちらの発音でもいいとされています。

  ②また、外来語の「원룸」「온라인」なども現在、標準発音は定まっていないため、「월룸」「올라인」でも「원눔」「온나인」でも発音されますが、合成語として認識して「원눔」「온나인」と発音している人が多く、より自然な発音とする傾向です。

※「ㄹ」の鼻音化：「ㄱ,ㅁ,ㅂ,ㅇ」パッチムの後に「ㄹ」が続くと「ㄹ」は「ㄴ」と発音されます。また「ㄱ,ㅂ」パッチムは鼻音化します。

  ① ㄱパッチム　＋　ㄹ　→　ㅇ＋ㄴ：독립　[독닙 → **동닙**]　独立

  ② ㅁパッチム　＋　ㄹ　→　ㅁ＋ㄴ：침략　[침**냑**]　　　侵略

  ③ ㅂパッチム　＋　ㄹ　→　ㅁ＋ㄴ：협력　[협녁 → **혐녁**]　協力

  ④ ㅇパッチム　＋　ㄹ　→　ㅇ＋ㄴ：정류장 [정**뉴**장]　　　停留所

9.「ㄴ」音の添加

　合成語や派生語の場合、前の語のパッチムの後に「이, 야, 여, 요, 유」が続くと「ㄴ」音が添加され「니, 냐, 녀, 뇨, 뉴」と発音されます。

　例外もありますので出てきたときに正しい発音を確認しましょう。「ㄴ」音の添加の場合は辞書に発音を表記することになっているので辞書で確認しましょう。

例：　솜　＋　이불　→　솜이불　［솜**니**불］　　綿布団
　　　내복　＋　약　→　내복약　［내봉**냑**］　　内服薬
　　　그림　＋　엽서　→　그림엽서　［그림**녑**써］　絵はがき
　　　영업　＋　용　→　영업용　［영엄**뇽**］　　営業用
　　　식용　＋　유　→　식용유　［시굥**뉴**］　　食用油

練　習　実際の発音を書いてみましょう。

① 対価のないタダ　맨입　　　→　［＿＿＿＿＿＿＿＿＿＿＿＿］
② 頭痛薬　　　　　두통약　　→　［＿＿＿＿＿＿＿＿＿＿＿＿］
③ 色鉛筆　　　　　색연필　　→　［＿＿＿＿＿＿＿＿＿＿＿＿］
④ 毛布　　　　　　담요　　　→　［＿＿＿＿＿＿＿＿＿＿＿＿］
⑤ 国民倫理　　　　국민윤리　→　［＿＿＿＿＿＿＿＿＿＿＿＿］
⑥ 花びら　　　　　꽃잎　　　→　［＿＿＿＿＿＿＿＿＿＿＿＿］

※ただし、「ㄹ」パッチムの後に添加される「ㄴ」音は「ㄹ」と発音されます。

例：　솔　＋　잎　→　솔잎　［솔**립**］　　松葉
　　　물　＋　약　→　물약　［물**략**］　　シロップ剤
　　　서울　＋　역　→　서울역　［서울**력**］　ソウル駅
　　　휘발　＋　유　→　휘발유　［휘발**류**］　ガソリン

※標準発音法は実際の発音に基づくものであるため、実際の発音に「ㄴ」音が添加されない場合、自然と前の語のパッチムが連音されます。

例：　금　＋　요일　→　금요일　［그**묘**일］　金曜日
　　　등용　＋　문　→　등용문　［등용문］　登竜門

10. 口蓋音化

「ㄷ, ㅌ (ㄹㅌ)」パッチムの後に「이」が続くと、それぞれ「ㅈ, ㅊ」と発音されます。

例：　パッチムㄷ　　　＋　이　→　ㅈ：굳이　[구지]　　あえて
　　　　　　　　　　　　　　　　　　　미닫이 [미다지]　引き戸

　　　パッチムㅌ (ㄹㅌ)　＋　이　→　ㅊ：밭이　[바치]　　畑が
　　　　　　　　　　　　　　　　　　　붙이다 [부치다]　つける

また「ㄷ」パッチムの後に「히」が続くと、それぞれ「ㅊ」と発音されます。

例：　パッチムㄷ　＋　히　→　ㅊ：닫히다 [다치다]　閉まる
　　　굳히다 [구치다]　固める　　　묻히다 [무치다]　埋もれる

11. サイシオッ (사이시옷)

サイシオッ (사이시옷) とは、合成語の間に「ㅅ」がつくものです。

「사이시옷 (ㅅ)」は次の３つの条件が必要です。
　① 合成語であること。
　② 合成語には必ず固有語が含まれていること。
　　固有語＋固有語、漢字語＋固有語　（例外あります）
　③２つ目の語の最初が濃音になる場合、または「ㄴ」「ㄴㄴ」の音が添加される場合。

例：　저 (漢字語：箸)＋가락 (固有語：細長いもの) → 젓가락 [저까락 / 전까락]（箸）
　　　바다 (固有語：海)＋가 (固有語：辺、端)　→ 바닷가 [바다까 / 바닫까]（海辺）
　　　비 (固有語：雨)＋물 (固有語：水)　　　→ 빗물 [빈물]（雨水）
　　　수도 (漢字語：水道)＋물 (固有語：水) → 수돗물 [수돈물]（水道水）
　　　나무 (固有語：木)＋잎 (固有語：葉)　→ 나뭇잎 [나문닙]（木の葉）
　　　후 (漢字語：後)＋일 (固有語：こと)　→ 훗일 [훈닐]（将来のこと、後のこと）

12．頭音法則：表記法

　この法則は発音のみならず、表記も変わるルールなので、発音と表記の両方を覚えましょう。

①　漢字語「녀 , 뇨 , 뉴 , 니」が語頭に来る場合、それぞれ「여 , 요 , 유 , 이」と書きます。

　　例：　생년월일（生年月日）　→　연세（年歳：ご年齢）
　　　　　남녀（男女）　　　　　→　여자（女子）
　　　　　분뇨（糞尿）　　　　　→　요소（尿素）
　　　　　은닉（隱匿）　　　　　→　익명（匿名）

②　漢字語「랴 , 려 , 레 , 료 , 류 , 리」が語頭に来る場合、それぞれ「야 , 여 , 예 , 요 , 유 , 이」と書きます。

　　例：　선량（善良）　→　양심（良心）
　　　　　경력（経歴）　→　역사（歴史）
　　　　　경례（敬礼）　→　예의（礼儀）
　　　　　재료（材料）　→　요리（料理）
　　　　　재류（在留）　→　유학（留学）
　　　　　원리（原理）　→　이유（理由）

③　漢字語「라 , 래 , 로 , 뢰 , 루 , 르」が語頭に来る場合、それぞれ「나 , 내 , 노 , 뇌 , 누 , 느」と書きます。

　　例：　신라（新羅）　　　→　나열（羅列）
　　　　　원래（元来）　　　→　내방객（来訪客）
　　　　　도로（道路）　　　→　노면（路面）
　　　　　지뢰（地雷）　　　→　뇌격（雷撃）
　　　　　경회루（慶會樓）　→　누각（樓閣）

※この法則は、北朝鮮では適用されませんので、「ハングル検定」を準備している方は気をつけてください。

練 習 の解答

2．連音化 練 習

①	日本語	일본어 →	[일보너]
②	新人	신인 →	[시닌]
③	ごはんを	밥을 →	[바블]
④	横に	옆에 →	[여페]
⑤	読みます	읽어요 →	[일거요]
⑥	知っています	알아요 →	[아라요]
⑦	あります	있어요 →	[이써요]

3．鼻音化 練 習

①	スープ、汁	국물 →	[궁물]
②	鼻水	콧물 →	[콘물]
③	受ける	받는다 →	[반는다]
④	前庭	앞마당 →	[암마당]
⑤	土だけ	흙만 →	[흥만]
⑥	花言葉	꽃말 →	[꼰말]
⑦	します	합니다 →	[함니다]

4．激音化 練 習

①	座らせる	앉히다 →	[안치다]
②	デパート	백화점 →	[배콰점]
③	着せる	입히다 →	[이피다]
④	できません	못해요 →	[모태요]
⑤	よくて	좋고 →	[조코]
⑥	多い	많다 →	[만타]
⑦	積むけど	쌓지만 →	[싸치만]
⑧	病む	앓다 →	[알타]

5.「ㅎ」音の弱音化　練習

①	全然	전혀	→	[　　　저녀　　　] に近い
②	実験	실험	→	[　　　시럼　　　] に近い
③	南下	남하	→	[　　　나마　　　] に近い
④	後悔	후회	→	[　　　후외　　　] に近い
⑤	上手だ	잘하다	→	[　　　자라다　　　] に近い
⑥	恩恵	은혜	→	[　　　으네　　　] に近い

7.濃音化　練習

①	クッパ	국밥	→	[　　　국빱　　　]
②	昼寝	낮잠	→	[　　　낟짬　　　]
③	隣家	옆집	→	[　　　엽찝　　　]
④	入国	입국	→	[　　　입꾹　　　]
⑤	高い	높다	→	[　　　놉따　　　]
⑥	花束	꽃다발	→	[　　　꼳따발　　　]

9.「ㄴ」音の添加

①	対価のないタダ	맨입	→	[　　　맨닙　　　]
②	頭痛薬	두통약	→	[　　　두통냑　　　]
③	色鉛筆	색연필	→	[　　　생년필　　　]
④	毛布	담요	→	[　　　담뇨　　　]
⑤	国民倫理	국민윤리	→	[　　　궁민뉼리　　　]
⑥	花びら	꽃잎	→	[　　　꼰닙　　　]

三修社『実践韓国語トレーニング　初級編』（ISBN978-4-384-05092-9 C1087）
別冊『発音のルール』

実践 韓国語トレーニング

【初級編】

専門学校 デジタル＆ランゲージ 秀林 監修

金貞妸 著

三修社

半切表

母音 子音	ㅏ [a]	ㅑ [ja]	ㅓ [ə]	ㅕ [jə]	ㅗ [o]	ㅛ [jo]	ㅜ [u]	ㅠ [ju]	ㅡ [ɯ]	ㅣ [i]
ㄱ [k/g]	가	갸	거	겨	고	교	구	규	그	기
ㄴ [n]	나	냐	너	녀	노	뇨	누	뉴	느	니
ㄷ [t/d]	다	댜	더	뎌	도	됴	두	듀	드	디
ㄹ [r/l]	라	랴	러	려	로	료	루	류	르	리
ㅁ [m]	마	먀	머	며	모	묘	무	뮤	므	미
ㅂ [p/b]	바	뱌	버	벼	보	뵤	부	뷰	브	비
ㅅ [s/ʃ]	사	샤	서	셔	소	쇼	수	슈	스	시
ㅇ [無音]	아	야	어	여	오	요	우	유	으	이
ㅈ [tʃ/dʒ]	자	쟈	저	져	조	죠	주	쥬	즈	지
ㅊ [tʃʰ]	차	챠	처	쳐	초	쵸	추	츄	츠	치
ㅋ [kʰ]	카	캬	커	켜	코	쿄	쿠	큐	크	키
ㅌ [tʰ]	타	탸	터	텨	토	툐	투	튜	트	티
ㅍ [pʰ]	파	퍄	퍼	펴	포	표	푸	퓨	프	피
ㅎ [h]	하	햐	허	혀	호	효	후	휴	흐	히
ㄲ [ʔk]	까	꺄	꺼	껴	꼬	꾜	꾸	뀨	끄	끼
ㄸ [ʔt]	따	땨	떠	뗘	또	뚀	뚜	뜌	뜨	띠
ㅃ [ʔp]	빠	뺘	뻐	뼈	뽀	뾰	뿌	쀼	쁘	삐
ㅆ [ʔs]	싸	쌰	써	쎠	쏘	쑈	쑤	쓔	쓰	씨
ㅉ [ʔtʃ]	짜	쨔	쩌	쪄	쪼	쬬	쭈	쮸	쯔	찌

はじめに

　韓国人の友達と韓国語で話したい、仕事で必要、大好きなあの俳優の言葉を字幕なしで理解したい、好きな歌の歌詞を聞き取りたい、翻訳ではなく原語で吟味したい……などなど皆様が韓国語を学ぶ理由はさまざまだと思います。その目的１つひとつに合う学び方に移行する前に基礎をしっかり学ぶ必要があります。

　本教材は　・読む・書く・聞く・話すの４技能を徹底して練習する
　　　　　　・４技能だけでなく、楽しく学び、応用し、会話を楽しむ
　　　　　　・そして繰り返し練習して、ネイティブの自然な表現を身につける
　　　　　　・豊富な語彙と練習問題でしっかり勉強できる
をモットーにし、基礎がきちんと学べる構成にしました。

「授業で学んだけど、復習しようとしたらわからなくなった」「授業では理解できたのに宿題をやろうとしたらできない」「独学なので質問できる相手がいない」「インターネットなどを利用して勉強しているが、説明が少し足りない」「どうしてこのような言い方になるの？」など、学校で学ぶ、独学で勉強する、スマホのアプリやYouTube の動画で勉強する方々のいろいろな「どうしてそうなるの？」の疑問が少しでも解消できるように丁寧な文型解説だけでなく、語彙プラスやコラム、補足もつけました。

　きちんとそして楽しく！　読んでいくだけで「なるほど、だからこうなるんだね」「ほぉ、そうだったのか」と言える教材を目指して作りました。また本教材を通じて、韓国語だけでなく韓国に対する理解が深まり、日韓両国の人々が互いを理解し合い、発展していくことを心から願ってやみません。

　最後に、本教材が完成できるまで惜しみなくアドバイスや助力くださった金容権先生、金井学園の申景浩理事長、専門学校　デジタル＆ランゲージ　秀林の岡野多恵先生、ならびに同僚の皆さん、そして三修社の方々に心から感謝します。

2023 年春

金貞婀

目　次

第1部

入 門

第 1 課　韓国語とハングル

１．韓国語について

「韓国語」と「ハングル」は違います。区別しましょう。「韓国語」は言語です。大韓民国（韓国）では「韓国語」、朝鮮民主主義人民共和国（北朝鮮）では「朝鮮語」と呼んでいます。韓国語と北朝鮮で使われている朝鮮語は基本的にはほとんど同じですが、イントネーションや表記のルールの一部、外来語の表記など異なるところがあります。

２．日本語と韓国語

日本人にとって韓国語は勉強しやすいとよく言われます。確かに日本語と語順がほぼ同じで、発音も似ている単語も多いので始めやすいです。しかし、少し勉強を進めると直訳できないものもあり、文化の違いからくる表現の違いも出てきます。それで途中で諦めてしまう方も少なくないでしょう。それでも諦めずに学習すれば、韓国語ネイティブと韓国語で意思疎通ができるようになること間違いなし！

３．한글（ハングル）とは

「ハングル」とは「韓国語」ではありません。韓国語の文字の名称です。日本語の文字は「ひらがな」「カタカナ」「漢字」の３種類ですが、韓国語の文字は「ハングル」と「漢字」です。しかし、漢字で表記されることはほとんどありません。街中の看板や新聞、雑誌などには一般的にハングルで表記されています。

ハングルの「ハン」は「偉大な」「大いなる」、「グル」は「文字」という意味です。
ハングルは 1443 年に世宗大王（セジョンデーワン）が学者を集めて、創りました。1446 年 9 月（旧暦）に頒布されたことを記念し、ハングルの日は 10 月 9 日に制定されました。

◆ 韓国語は日本語と似ていて、日本人にとっては学びやすいし、続けやすい言語です。

① 助詞もあり、日本語とほぼ同じです。

〜が -이/가　　〜は -은/는　　〜を -을/를
〜に -에　　　〜も -도　　　〜と -와/과 など

② 韓国語の語順も日本語とほとんど同じです。

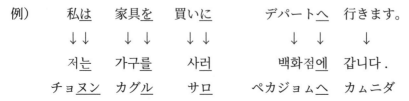

例）　私は　　家具を　　買いに　　　　デパートへ　行きます。
　　　↓↓　　↓↓　　　↓↓　　　　　↓　　↓　　　↓
　　　저는　　가구를　　사러　　　　　백화점에　갑니다.
　　　チョヌン　カグル　　サロ　　　　ペカジョムへ　カムニダ

③ 単語の約７割以上は漢字語でできているので漢字語の音（漢字音）は発音が似ているものが多いです。

　　例）가구［カグ］家具　　　기분［キブン］気分　　　무리［ムリ］無理

◆ ハングル文字の組み合わせ方：基本は「子音」＋「母音」

　　| 組み合わせ方１－１ |　「子音」＋「母音」

$$ㄱ + ㅏ = 가$$
$$\downarrow \quad\quad \downarrow \quad\quad\quad \downarrow$$
$$k + a = ka$$

　　| 組み合わせ方１－２ |　「子音」　ㅅ　s

　　　　　　　　　　　　　　＋　　＋　＋　＝　수　su

　　　　　　　　　　　　「母音」　ㅜ　u

　　| 組み合わせ方２-１ |　「子音」＋「母音」　ㅅ＋ㅏ　s＋a　＝　산

　　　　　　　　　　　　「子音（パッチム）」　ㄴ　　　　n　　　　　san

　　| 組み合わせ方２－２ |　「子音」　　　　　　ㄴ　n

　　　　　　　　　　　　　＋　　　　　　　　　＋

　　　　　　　　　　　　「母音」　　　　　　　ㅗ　o　＝　논

　　　　　　　　　　　　　＋　　　　　　　　　＋　　　　non

　　　　　　　　　　　　「子音（パッチム）」　ㄴ　n

「시작이 반이다 (思い立ったが吉日)」 さぁ、スタートを切りましょう！

＊直訳すると「始まりが半分だ」つまり、「始めたら半分は達成したんだ」という意味ですね。

基本母音

　基本母音は 10 個あります。母音字は 3 つの棒（線）、天（・）, 地（一）, 人（丨）から
できています。長い棒が縦か、横か、短い棒が長い棒の右隣、左隣、上、下のどちらかに
つくことで母音の音が決まります。

　母音だけで書くことはないため、無音の子音字「ㅇ」をつけて書いて覚えましょう。
それぞれの母音字の発音と書き順を覚えましょう。

・長い棒が縦の場合、短い棒は、棒の右か左に書きます。
・長い棒が横の場合、短い棒は、棒の上か下に書きます。
・書き順は基本、上→下、左→右の順です。

❶	ㅏ [a]	아 [a] 日本語の「ア」とほぼ同じ音。 口を大きく開けて「ア」と発音します。
❷	ㅑ [ja]	야 [ja] 日本語の「ヤ」とほぼ同じ音。 口を大きく開けて「ヤ」と発音します。
❸	ㅓ [ə]	어 [ə] 日本語の「ア」の音を出すようにして 口を少し開けて「オ」と発音します。
❹	ㅕ [jə]	여 [jə] 日本語の「ヤ」の音を出すようにして 口を少し開けて「ヨ」と発音します。

❺ ①↓ 丄 ② → [o]	오 [o]	日本語の「オ」とほぼ同じ音。 唇を突き出すように丸めて「オ」と発音します。
❻ ①↓ 山 ↓② ③→ [jo]	요 [jo]	日本語の「ヨ」とほぼ同じ音。 唇を突き出すように丸めて「ヨ」と発音します。
❼ ①→ 丅 ↓② [u]	우 [u]	日本語の「ウ」とほぼ同じ音。 唇を突き出すように丸めて「ウ」と発音します。
❽ ①→ ②↓ 〒 ↓③ [ju]	유 [ju]	日本語の「ユ」とほぼ同じ音。 唇を突き出すように丸めて「ユ」と発音します。
❾ ①⟹ ⎯ [ɰ]	으 [ɰ]	「イ」と発音するように口を横に引いて 「ウ」と発音します。
❿ ①↓ ∣ [i]	이 [i]	「イ」とほぼ同じ音。 口を横に引いて「イ」と発音します。

1．まず、文字を見ながら音声を聞きましょう。

　　次に音声を聞いて発音しましょう。🔊01

아	야	어	여	오	요	우	유	으	이

2．声に出して読みながら書きましょう。

아	야	어	여	오	요	우	유	으	이

3．まず、音声を聞きましょう。次に音声を聞いて発音しましょう。🔊02

　　① 아 아 야 야　　　② 오 오 요 요　　　③ 우 우 유 유

　　④ 어 어 여 여　　　⑤ 요 요 으 이　　　⑥ 아 유 오 으

　　⑦ 어 이 우 아　　　⑧ 오 유 으 요　　　⑨ 아 이 어 이

4．音声を聞いて発音している文字を選んで _____ に書きましょう。🔊03

　　① 아 야 오 이 _____　　　② 오 우 으 어 _____

　　③ 아어 아오 _____　　　④ 여이 어이 _____

　　⑤ 유이 우이 _____　　　⑥ 요으 요오 _____

5．次の単語を読みましょう。 🔊 04

アイ（子ども）　　우유（牛乳）　　이（歯）　　아야（痛っ！）

여우（きつね）　　오이（きゅうり）　　여유（余裕）　　유아（乳児）

6．音声を聞いて、上の単語から選んで書きましょう。 🔊 05

① _____　　② _____

③ _____　　④ _____

⑤ _____　　⑥ _____

7．単語を声に出して読みながら書きましょう。

아이（子ども）	아이			
우유（牛乳）	우유			
이（歯）	이			
아야（痛っ！）	아야			
여우（きつね）	여우			
오이（きゅうり）	오이			
여유（余裕）	여유			
유아（乳児）	유아			

第 **3** 課　子音

基本子音：平音

　子音字は全部で 19 個あります。その内、基本子音は 14 個あります。平音 10 個と激音 4 個です。まず、基本子音の平音（10 個）を学びましょう。

❶ [k/g]　기역 （キヨク） [k] の音。か行に近い音です。 語中だと濁音の [g] の音になります。	❷ [n]　니은 （ニウン） [n] の音。な行に近い音です。
❸ [t/d]　디귿 （ティグッ） [t] の音。た行に近い音です。 語中だと濁音の [d] の音になります。	❹  [r/l]　리을 （リウル） [r] の音。ら行に近い音です。
❺ [m]　미음 （ミウム） [m] の音。ま行に近い音です。	❻  [p/b]　비읍 （ピウフ） [p] の音。ぱ行に近い音です。 語中だと濁音の [b] の音になります。
❼ [s/ʃ]　시옷 （シオッ） [s] の音。さ行に近い音です。	❽ ○ [無音/ŋ]　이응 （イウン） 母音字の前では音はありませんが、 語の最後では [ん] に近い音になります。
❾ 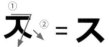 = ス [tʃ/dʒ]　지읒 （チウッ） ちゃ行に近い音で、やや弱い音です。 語中だと濁音のじゃ行の音になります。	❿ ㅎ = ㅎ [h]　히읗 （ヒウッ） [h] の音。は行に近い音です。 つく位置によって弱くなったりします。

子音字だけで発音と文字を覚えるのは難しいので、基本母音字と組み合わせて覚えましょう。まずは、母音字の「ㅏ」と組み合わせた形で覚えましょう。

例：　ㄴ（n）＋ ㅏ（a）＝ 나（na）　　　　ㅅ（s）＋ ㅏ（a）＝ 사（sa）

가	나	다	라	마	바	사	아	자	하
ka/ga	na	ta/da	ra	ma	pa/ba	sa	a	tʃa/dʒa	ha

練 習

１．まず、文字を見ながら音声を聞きましょう。
　　次に音声を聞いて発音しましょう。 🔊06

가	나	다	라	마	바	사	아	자	하

２．基本子音字と基本母音字を組み合わせて書きましょう。

	ㅏ	ㅑ	ㅓ	ㅕ	ㅗ	ㅛ	ㅜ	ㅠ	ㅡ	ㅣ
ㄱ										
ㄴ										
ㄷ										
ㄹ										
ㅁ										
ㅂ										
ㅅ										
ㅇ										
ㅈ										
ㅎ										

補 足

語頭では平音だが、語中や語末だと濁音になる子音字を練習しましょう。

例：　ㄱはkの音ですが、고기を発音すると、고は語頭なのでkの音のまま、koになります。기は語頭ではないので濁音のgの音になりgiになります。つまり고기はkogiになります。

가구（kagu）
家具

다다르다（tadaruda）
（目的地に）着く

비빔밥（pibimbap）
ビビンバ

3．次の単語を読みましょう。 07

구두（靴）

나무（木）

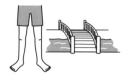

다리（足・脚、橋）

우리（私たち）

머리（頭）

바지（ズボン）

이사（引っ越し）

자리（席）

가지（なす）

두부（豆腐）

고구마（さつまいも）

허리（腰）

4．音声を聞いて、上の単語から選んで書きましょう。 08

① _____

② _____

③ _____

④ _____

⑤ _____

⑥ _____

⑦ _____

⑧ _____

⑨ _____

5．単語を声に出して読みながら書きましょう。

구두 (靴)	구두			
나무 (木)	나무			
다리 (足・脚、橋)	다리			
우리 (私たち)	우리			
머리 (頭)	머리			
바지 (ズボン)	바지			
이사 (引っ越し)	이사			
자리 (席)	자리			
가지 (なす)	가지			
두부 (豆腐)	두부			
고구마 (さつまいも)	고구마			
허리 (腰)	허리			

6．音声を聞いて発音しましょう。 🔊 09

① 기자 (記者)　　② 무료 (無料)　　③ 누구 (誰)

④ 미소 (微笑み)　　⑤ 바다 (海)　　⑥ 나 (私)

⑦ 어디 (どこ)　　⑧ 소리 (音)　　⑨ 교사 (教師)

7．音声を聞いて発音している単語を選びましょう。 🔊 10

① 보리 (麦)　　머리 (頭)　　고리 (輪)　　（　　　　）

② 보기 (例)　　모기 (蚊)　　고기 (肉)　　（　　　　）

③ 누구 (誰)　　구두 (靴)　　두부 (豆腐)　　（　　　　）

④ 가사 (家事)　　가자 (行こう)　　가지 (なす)　　（　　　　）

⑤ 소나무 (松の木)　　소나기 (にわか雨)　　（　　　　）

⑥ 무료 (無料)　　유료 (有料)　　（　　　　）

基本子音：激音（吐き出す音）

　続けて、基本子音の14個の内、激音4個を学びましょう。激音は「激しい音」と書いているとおり、息を激しく吐き出しながら発音します。前項で学習した平音の「ㅈ , ㄱ , ㄷ , ㅂ」に点や短い棒が加わった形「ㅊ , ㅋ , ㅌ , ㅍ」になっています。

❶ ㅊ [tʃʰ] 치읓（チウッ）

「ㅈ」を発音しながら息を激しく吐き出します。

❷ ㅋ [kʰ] 키읔（キウク）

「ㄱ」を発音しながら息を激しく吐き出します。

❸ ㅌ [tʰ] 티읕（ティウッ）

「ㄷ」を発音しながら息を激しく吐き出します。

❹ ㅍ [pʰ] 피읖（ピウプ）

「ㅂ」を発音しながら息を激しく吐き出します。

練　習

１．次の単語を読みましょう。 🔊11

기차（汽車）　　차도（車道）　　고추（唐辛子）　　치마（スカート）

카드（カード）　　커피（コーヒー）　　쿠키（クッキー）　　노트（ノート）

도토리（どんぐり）　　포도（ぶどう）　　피자（ピザ）　　파리（ハエ）

2．音声を聞いて、1．の単語から選んで書きましょう。 🔊12

① ＿＿＿＿＿＿＿＿＿　② ＿＿＿＿＿＿＿＿＿　③ ＿＿＿＿＿＿＿＿＿

④ ＿＿＿＿＿＿＿＿＿　⑤ ＿＿＿＿＿＿＿＿＿　⑥ ＿＿＿＿＿＿＿＿＿

⑦ ＿＿＿＿＿＿＿＿＿　⑧ ＿＿＿＿＿＿＿＿＿　⑨ ＿＿＿＿＿＿＿＿＿

3．単語を声に出して読みながら書きましょう。

기차 (汽車)	기차			
차도 (車道)	차도			
고추 (唐辛子)	고추			
치마 (スカート)	치마			
카드 (カード)	카드			
커피 (コーヒー)	커피			
쿠키 (クッキー)	쿠키			
노트 (ノート)	노트			
도토리 (どんぐり)	도토리			
포도 (ぶどう)	포도			
표 (切符)	표			
파리 (ハエ)	파리			

4．音声を聞いて発音しましょう。 🔊13

① 타자 (打者)　② 투수 (投手)　③ 차 (車、茶)

④ 피 (血)　⑤ 타다 (乗る)　⑥ 우표 (切手)

5．音声を聞いて発音している単語を選びましょう。 🔊14

① 보도 (報道)　　포도 (ぶどう)　　파도 (波)　　（　　　　　）

② 기차 (汽車)　　기사 (記事)　　기자 (記者)　　（　　　　　）

③ 커피 (コーヒー)　카피 (コピー)　코피 (鼻血)　　（　　　　　）

子音：濃音（詰まる音）

　前項で確認した基本子音 14 個の他、子音字には濃音（5 個）もあります。濃音は日本語の「っ」の後に出る詰まった感じの音です。強い音ではありますが、激音のように息を激しく吐き出すことはありません。**息を吐きださずに喉を詰まらせる感じで、硬く音を出しましょう。**

　平音の「ㄱ, ㄷ, ㅂ, ㄴ, ㅈ」を 2 つ重ねたように「ㄲ, ㄸ, ㅃ, ㅆ, ㅉ」と書きます。

❶ ㄲ [ʔk] 쌍기역（サンギヨク）	❷ ㄸ [ʔt] 쌍디귿（サンディグッ）
息を出さずに、詰まらせて「ㄱ」を発音します。「まっか」の「っか」に近い音	息を出さずに、詰まらせて「ㄷ」を発音します。「まった」の「った」に近い音
❸ ㅃ [ʔp] 쌍비읍（サンビウプ）	❹ ㅆ [ʔs] 쌍시옷（サンシオッ）
息を出さずに、詰まらせて「ㅂ」を発音します。「さっぱり」の「っぱ」に近い音	息を出さずに、詰まらせて「ㅅ」を発音します。「とっさに」の「っさ」に近い音
❺ ㅉ [ʔtʃ] 쌍지읓（サンジウッ）	【注意】日本語にはない音なのでたくさん練習しましょう。 ・息を出さない ・のどの奥から出す感じ ・文字の前に「っ」をつけて発音 ・先生の発音を聞く→発音：反復練習
息を出さずに、詰まらせて「ㅈ」を発音します。「すべっちゃ」の「っちゃ」に近い音	

練習

1．音声を聞いて発音しましょう。🔊 15

까치（カササギ）　　토끼（ウサギ）　　따오기（トキ）　　아빠（パパ）

뿌리（根）　　뻐꾸기（カッコウ）　　싸다（安い）　　쏘다（撃つ / 射る）

쓰다（使う / 書く）　　짜다（塩辛い）　　찌다（蒸す）　　가짜（偽物）

2．音声を聞いて、1．の単語から選んで書きましょう。 🔊16

① ＿＿＿＿＿＿＿＿　② ＿＿＿＿＿＿＿＿　③ ＿＿＿＿＿＿＿＿

④ ＿＿＿＿＿＿＿＿　⑤ ＿＿＿＿＿＿＿＿　⑥ ＿＿＿＿＿＿＿＿

⑦ ＿＿＿＿＿＿＿＿　⑧ ＿＿＿＿＿＿＿＿　⑨ ＿＿＿＿＿＿＿＿

3．単語を声に出して読みながら書きましょう。

까치（カササギ）	까치			
토끼（ウサギ）	토끼			
따오기（トキ）	따오기			
아빠（パパ）	아빠			
뿌리（根）	뿌리			
뻐꾸기（カッコウ）	뻐꾸기			
싸다（安い）	싸다			
쏘다（撃つ / 射る）	쏘다			
쓰다（使う / 書く）	쓰다			
짜다（塩辛い）	짜다			
찌다（蒸す）	찌다			
가짜（偽物）	가짜			

4．音声を聞いて発音しましょう。 🔊17

① 꼬마（ちびっ子）　② 도끼（斧）　③ 따로（別々）

④ 떠나다（離れる）　⑤ 오빠（妹からみた兄）　⑥ 쓰다（使う / 書く）

5．音声を聞いて発音している単語を選びましょう。 🔊18

① 수다（おしゃべり）　시다（すっぱい）　쓰다（使う / 書く）　（　　　　　　）

② 파리（ハエ）　　　뿌리（根）　　　부리（くちばし）　（　　　　　　）

③ 짜다（塩辛い）　　찌다（蒸す）　　쏘다（射る / 撃つ）　（　　　　　　）

第 **4** 課　合成母音

合成母音

　基本母音字にほかの母音字を組み合わせて 11 個の合成母音字ができます。

　字形は違うが発音の区別はほとんどないものもあります。発音を聞いて書くのは難しいでしょう。単語で形を覚えましょう。

❶ ㅐ　ㅏ + ㅣ [ɛ] **애** 唇を横に引いて「エ」と発音します。 日本語の「エ」より口をやや大きく開きます。	❷ ㅒ　ㅑ + ㅣ [jɛ] **얘** 唇を横に引いて「イェ」と発音します。 口をやや大きく開きます。
❸ ㅔ　ㅓ + ㅣ [e] **에** 日本語の「エ」とほぼ同じ音です。 「ㅐ」より口をやや小さく開きます。	❹ ㅖ　ㅕ + ㅣ [je] **예** 日本語の「イェ」とほぼ同じ音です。 「ㅒ」より口をやや小さく開きます。
❺ ㅘ　ㅗ + ㅏ [wa] **와** 日本語の「ワ」とほぼ同じ音です。 唇を突き出すように丸めて「ワ」と発音します。	❻ ㅙ　ㅗ + ㅐ [wɛ] **왜** 日本語の「ウェ」とほぼ同じ音です。 唇を丸めて「ウェ」と発音し、唇を横に引きます。
❼ ㅚ　ㅗ + ㅣ [we] **외** 唇を突き出すように丸めて「ウェ」と発音します。	❽ ㅝ　ㅜ + ㅓ [wɔ] **워** 日本語の「ウォ」とほぼ同じ音です。唇を丸めて「ウォ」と発音し、口を開くようにします。
❾ ㅞ　ㅜ + ㅔ [we] **웨** 日本語の「ウェ」とほぼ同じ音です。	❿ ㅟ　ㅜ + ㅣ [wi] **위** 唇を丸めて前に突き出して「ウィ」と発音し、口を横に引きます。

⓫

ㅢ ㅡ + ㅣ [ɰi] 의

唇を横に引いたまま「ウィ」と発音します。

発音に注意

① 애と에の発音は、以前は口をやや大きく開ける애とやや小さく開ける에に区別していましたが、現在（特にソウルを中心とする地域）では区別しないでどちらも［エ］と発音しています。同じく얘と예のどちらも［イェ］と発音します。

② 왜、외、웨もほとんど区別しないでどちらも［ウェ］と発音します。

③「ㅖ」は、無声音字「ㅇ」がつく「예」のときは［イェ］と発音しますが、「ㅇ」以外の子音字がつくときは［エ］と発音します。
　例外として、「～です」の表現の「- 예요」のときは［エ］と発音します。

例	ことば	実際の発音
無音の子音字「ㅇ」がつく	예외（例外）	예외［イェウェ］
「ㅇ」以外の子音字がつく	시계（時計）	시게［シゲ］
～です	- 예요	- 에요［エヨ］

④「의」は 3 つの発音があります。

条件	ことば	実際の発音
1. 語頭では「ウィ」	의자（椅子）	의자［ウィジャ］
2. 語頭以外では「イ」 　「ㅇ」以外の子音字と一緒「イ」	거의（ほとんど） 희다（白い）	거이［コイ］ 히다［ヒダ］
3.「～の」という助詞の時「エ」	너의 이야기（あなたの話）	너에 이야기 ［ノエ イヤギ］

陽母音と陰母音

　韓国語の母音は、明るくて軽い感じの音の「陽母音」と暗くて重い感じの音の「陰母音」、そして中性母音があります。

　陽母音は「ㅏ」と「ㅗ」、それ以外は陰母音です。ただし、「ㅣ」は中性母音です。

陽母音	ㅏ , ㅗ
陰母音	ㅓ , ㅜ , ㅡ
中性母音	ㅣ

　2つ以上の母音が組み合わさった合成母音は、陽母音は陽母音と（陽母音同士）、陰母音は陰母音と（陰母音同士）できています。そしてそのどちらとも組み合わさるのが中性母音です。

例： 와　○　　　오ㅓ　×
　　 워　○　　　우ㅏ　×

　特に擬音語・擬態語（オノマトペ）の場合、陽母音の単語なのか、陰母音の単語なのかによって受ける印象が異なります。

　例えば、静かな池に石を投げ入れた時の擬音語は①퐁당（ポンダン）と②풍덩（プンドン）があります。①퐁당は小さい石、軽い、可愛い感じですが、②풍덩は大きい石、重たい、深く沈む感じがします。

練　習

１．まず、文字を見ながら音声を聞いてから発音しましょう。🔊 19

애	얘	에	예	와	왜	외	워	웨	위	의

２．子音字と組み合わせて書きましょう。

	ㅐ	ㅒ	ㅔ	ㅖ	ㅘ	ㅙ	ㅚ	ㅝ	ㅞ	ㅟ	ㅢ
ㄱ											
ㄹ											
ㅈ											

3．音声を聞いて次の単語を発音しましょう。 🔊 20

    A. ㅐ, ㅔ [エ]：   ① 애기（赤ちゃん） ② 내가（私が） ③ 베개（枕）

                     ④ 지우개（消しゴム） ⑤ 배구（バレーボール）

    B. ㅒ, ㅖ [イェ]：   ⑥ 얘기（話） ⑦ 계기（きっかけ）

    C. ㅘ [ワ]：   ⑧ 기와（瓦） ⑨ 과자（お菓子）

    D. ㅙ, ㅚ, ㅞ [ウェ]：   ⑩ 돼지（豚） ⑪ 외가（母の実家）

                     ⑫ 웨하스（ウエハース）

    E. ㅝ [ウォ]：   ⑬ 샤워（シャワー） ⑭ 매워요（辛いです）

    F. ㅟ [ウィ]：   ⑮ 위로하다（慰める） ⑯ 위아래（上下）

    G. ㅢ [ウィ]：   ⑰ 의료（医療） ⑱ 회의（会議）

4．音声を聞いて発音している文字を選びましょう。 🔊 21

    ① 에　예　웨   （　　　）   ② 의　와　위   （　　　）

    ③ 궤　귀　개   （　　　）   ④ 제　채　째   （　　　）

    ⑤ 회　휘　희   （　　　）   ⑥ 뢰　래　뤼   （　　　）

5．声に出して読みながら書きましょう。

찌개（チゲ・鍋料理）	찌개			
예외（例外）	예외			
베개（枕）	베개			
모래（砂）	모래			
가위（はさみ）	가위			
사과（りんご）	사과			
궤도（軌道）	궤도			
뒤（後ろ、裏）	뒤			

パッチム

　　パッチム（받침）とは、下敷きという意味です。子音＋母音の基本構成の下にくる子音のことをいいます。パッチムがある文字は子音で音を終わらせます（終声）。英語の book のように子音で終わる感じです。

　例：　**子音＋母音＋子音**

밤（夜）		국（スープ、汁）
ㅂ **p** 子音（初声）	ㅏ **a** 母音（中声）	ㄱ　**k**　子音（初声）
		ㅜ　**u**　母音（中声）
ㅁ **m** 子音（終声）パッチム		ㄱ　**k**　子音（終声） パッチム

※밤は「pam」、국は「kuk」です。「pamu」や「kuku」のように最後に母音のウ（u）が入った発音にならないように注意しましょう。

パッチムの形と発音

　パッチムの形にはいろいろな子音が使われますが。発音は7つの発音に代表されます。それぞれ形は異なりますが、同じ発音になるものがあります。

発音	パッチムの形	
	パッチム	パッチム：2文字
① ㄱ (k)	ㄱ , ㅋ , ㄲ	ㄳ , ㄺ
② ㄴ (n)	ㄴ	ㄵ , ㄶ
③ ㄷ (t)	ㄷ , ㅌ , ㅅ , ㅆ , ㅈ , ㅊ , ㅎ	
④ ㄹ (l)	ㄹ	ㄼ , ㄽ , ㄾ , ㅀ
⑤ ㅁ (m)	ㅁ	ㄻ
⑥ ㅂ (p)	ㅂ , ㅍ	ㅄ , ㄿ
⑦ ㅇ (ŋ)	ㅇ	

補足：2文字パッチムの発音

　「ㄳ」や「ㄻ」のように子音字が2つあるパッチムはどちらを読めばいいのか迷ってしまいますね。例外はありますが、ㄻとㄿを除いて基本は「가 , 나 , 다 , 라 , ……」の順で順番が早いものを発音します。左を発音するのか、右を発音するのか見てみましょう。また、今すぐ全部覚えようとしないで、出てきたときに覚えていきましょう。

・左を発音するパッチム：ㄳ , ㄵ , ㄶ , ㄼ , ㄽ , ㄾ , ㅀ , ㅄ
　　例外：「ㄼ」パッチムは右を発音する単語もあります。
　　　　밟다 [밥따] 、**넓죽하다** [넙쭈카다] 　など

・右を発音するパッチム：ㄺ , ㄻ , ㄿ
　　例外：動詞・形容詞の「ㄺ」パッチムは、活用形によって「ㄱ」の前では左を発音します。
　　읽고 [일꼬]（読んで）, **밝고** [발꼬]（明るくて）など

① ㄱ（k）:「ㄱ，ㅋ，ㄲ，ㄳ，ㄺ」を「바」につけて書くと「박，밬，밖，밗，밝」です。形は異なりますが、発音はどれも［pak］です。「パック」の「パッ」で終わるように発音します。息を出さないで詰まらせて発音しましょう。

読んでみましょう 🔊 22

약（薬）　　　부엌（台所）　　　떡볶이（トッポッキ）

독（毒）　　　몫（取り分）　　　닭（鶏）

② ㄴ（n）:「ㄴ，ㄵ，ㄶ」を「아」につけて書くと「안，앉，않」です。発音は［an］です。「あんない」のときの撥音の「ん」の音です。発音したときに舌が上の歯茎について止まります。

読んでみましょう 🔊 23

손（手）　　　문（ドア、門）　　　군대（軍隊）

돈（お金）　　　앉다（座る）　　　많다（多い）

③ ㄷ（t）:「ㄷ．ㅌ．ㅅ．ㅆ，ㅈ，ㅊ，ㅎ」を「가」につけて書くと「갇，같，갓，갔，갖，갗，갛」です。発音はどれも［kat］です。「買った」の「かっ」で終わるように発音します。発音したときに舌が上の歯茎について止まります。息を出さないで詰まらせて発音しましょう。

読んでみましょう 🔊 24

숟가락（スプーン）　　　밭（畑）　　　옷（服）

샀다（買った）　　　낮（昼）　　　빛（光）　　　놓다（置く）

④ ㄹ (l)：「ㄹ, ㄼ, ㄽ, ㄾ, ㅀ」を「나」につけて書くと「날, 낣, 낤, 낥, 낧」です。発音はどれも［nal］です。［l］で終わらせます。舌の先を上の歯の後ろにつけて止めます。

 読んでみましょう 🔊 25

달（月）　　**한글**（ハングル）　　**여덟**（八、八つ）

외곬（一筋）　　**핥다**（舐める）　　**끓다**（沸く）

⑤ ㅁ (m)：「ㅁ, ㄻ」を「보」につけて書くと「봄, 봚」です。発音はどれも［bom］です。「新橋＝しんばし Shimbashi」の拗音の「ん」の音です。発音したとき、口をしっかり閉じたまま終わります。

読んでみましょう 🔊 26

몸（体）　　　**곰**（熊）　　　**삶**（暮らし、人生）

⑥ ㅂ (p)：「ㅂ, ㅍ, ㅄ, ㄿ」を「사」につけて書くと「삽, 샆, 삾, 샒」です。発音はどれも［sap］です。「トップ」の「トッ」で終わるように発音します。口をしっかり閉じたまま終わります。

読んでみましょう 🔊 27

밥（ご飯）　　**앞**（前）　　**값**（値段）　　**읊다**（詠む）

⑦ ㅇ (ŋ)：「ㅇ」を「아」につけて書くと「앙」です。発音は［aŋ］です。「あん」の「ん」の音ですが、［n］ではなく、音が鼻から抜ける鼻音です。

読んでみましょう 🔊 28

공（ボール）　　**상장**（賞状）　　**강**（川）　　**건강**（健康）

1．声に出して読みながら書きましょう。

ことば	意味	なぞって書く	書く練習
약	薬	약	
부엌	台所	부엌	
밖	外	밖	
서울	ソウル	서울	
산	山	산	
앉다	座る	앉다	
젓가락	箸	젓가락	
있다	ある、いる	있다	
말	話、言葉	말	
불고기	プルコギ	불고기	
선생님	先生	선생님	
낮	昼	낮	
김밥	海苔巻き、キンパ	김밥	
방	部屋	방	
닭	鶏	닭	
값	値段	값	

밟다 ＊例外	踏む	밟다		
넓다	広い	넓다		
젊다	若い	젊다		
잃다	失う	잃다		

2．音声を聞いて発音している文字を選びましょう。🔊29

① 밖　밭　밤　（　　　　） 　② 곰　곤　골　（　　　　）

③ 달　딸　탈　（　　　　） 　④ 짐　집　징　（　　　　）

⑤ 감　강　값　（　　　　） 　⑥ 원　웜　웝　（　　　　）

3．音声を聞いて発音している単語を選んで（　　）に書きましょう。🔊30

① 金　　　　　：김　　긴　　깅　　（　　　　　　　）

② 鉄　　　　　：첨　　철　　천　　（　　　　　　　）

③ 福　　　　　：봉　　복　　볻　　（　　　　　　　）

④ 空港　　　　：공함　　곰한　　공항　　（　　　　　　　）

⑤ 観光　　　　：관광　　관관　　광괌　　（　　　　　　　）

⑥ ドア、門　　：뭄　　묻　　문　　（　　　　　　　）

⑦ 学生　　　　：항생　　학생　　한샌　　（　　　　　　　）

⑧ 出発　　　　：출발　　춘발　　춘박　　（　　　　　　　）

⑨ ダンス　　　：단스　　댕스　　댄스　　（　　　　　　　）

⑩ クラシック：클래식　큰내싱　클내십　（　　　　　　　）

日本語（カナ）のハングル表記　（韓国国立国語院「韓国語語文規範」外来語表記法より）

日本語（カナ）	ハングル	
	語頭	語中・語末
ア イ ウ エ オ	아 이 우 에 오	아 이 우 에 오
カ キ ク ケ コ	가 기 구 게 고	카 키 쿠 케 코
サ シ ス セ ソ	사 시 스 세 소	사 시 스 세 소
タ チ ツ テ ト	다 지 쓰 데 도	타 치 쓰 테 토
ナ ニ ヌ ネ ノ	나 니 누 네 노	나 니 누 네 노
ハ ヒ フ ヘ ホ	하 히 후 헤 호	하 히 후 헤 호
マ ミ ム メ モ	마 미 무 메 모	마 미 무 메 모
ヤ イ ユ エ ヨ	야 이 유 에 요	야 이 유 에 요
ラ リ ル レ ロ	라 리 루 레 로	라 리 루 레 로
ワ（ヰ）ウ（ヱ）ヲ	와 (이) 우 (에) 오	와 (이) 우 (에) 오
ン	ㄴ（パッチム）	
ガ ギ グ ゲ ゴ	가 기 구 게 고	가 기 구 게 고
ザ ジ ズ ゼ ゾ	자 지 즈 제 조	자 지 즈 제 조
ダ ヂ ヅ デ ド	다 지 즈 데 도	다 지 즈 데 도
バ ビ ブ ベ ボ	바 비 부 베 보	바 비 부 베 보
パ ピ プ ペ ポ	파 피 푸 페 포	파 피 푸 페 포
キャ キュ キョ	갸 규 교	캬 큐 쿄
ギャ ギュ ギョ	갸 규 교	갸 규 교
シャ シュ ショ	샤 슈 쇼	샤 슈 쇼
ジャ ジュ ジョ	자 주 조	자 주 조
ニャ ニュ ニョ	냐 뉴 뇨	냐 뉴 뇨
チャ チュ チョ	자 주 조	차 추 초
ヒャ ヒュ ヒョ	햐 휴 효	햐 휴 효
ビャ ビュ ビョ	뱌 뷰 뵤	뱌 뷰 뵤
ピャ ピュ ピョ	퍄 퓨 표	퍄 퓨 표
ミャ ミュ ミョ	먀 뮤 묘	먀 뮤 묘
リャ リュ リョ	랴 류 료	랴 류 료

※発音の「ん」はパッチムの「ㄴ」　例　銀座（ぎんざ）　긴자
　　促音の「っ」はパッチムの「ㅅ」　例　六本木（ろっぽんぎ）　롯폰기
　　長音は表記しません　例　京都（きょうと）　교토
※助詞の「は」は「와」と書きます。

１．次の日本語をハングル表記しましょう。

① はやし（林）　　　 → （　　　　　　　　　　　　）

② たなか（田中）　　 → （　　　　　　　　　　　　）

③ とうきょう（東京）　→ （　　　　　　　　　　　　）

④ さっぽろ（札幌）　　→ （　　　　　　　　　　　　）

⑤ せんだい（仙台）　　→ （　　　　　　　　　　　　）

⑥ ひょうご（兵庫）　　→ （　　　　　　　　　　　　）

⑦ おおさか（大阪）　　→ （　　　　　　　　　　　　）

⑧ べっぷ（別府）　　　→ （　　　　　　　　　　　　）

⑨ くさつ（草津）　　　→ （　　　　　　　　　　　　）

⑩ かながわ（神奈川）　→ （　　　　　　　　　　　　）

２．次の日本語の文をハングル表記しましょう。

① わたしは　おんせんが　とても　すきです。
② おんせんは　きもちが　おちついて　リラックスできます。
③ そして　からだにも　いいです。
④ にほんには　ゆうめいな　おんせんが　たくさん　あります。
⑤ はこね、くさつ、げろ、ありま　など
⑥ みなさんも　ゆっくり　おんせんに　つかってみませんか。

① ＿＿＿＿＿＿＿＿＿＿＿＿＿＿＿＿＿＿＿＿＿＿＿＿＿＿＿＿＿

② ＿＿＿＿＿＿＿＿＿＿＿＿＿＿＿＿＿＿＿＿＿＿＿＿＿＿＿＿＿

③ ＿＿＿＿＿＿＿＿＿＿＿＿＿＿＿＿＿＿＿＿＿＿＿＿＿＿＿＿＿

④ ＿＿＿＿＿＿＿＿＿＿＿＿＿＿＿＿＿＿＿＿＿＿＿＿＿＿＿＿＿

⑤ ＿＿＿＿＿＿＿＿＿＿＿＿＿＿＿＿＿＿＿＿＿＿＿＿＿＿＿＿＿

⑥ ＿＿＿＿＿＿＿＿＿＿＿＿＿＿＿＿＿＿＿＿＿＿＿＿＿＿＿＿＿

３．自分の名前と住所または地名か最寄り駅名をハングル表記しましょう。

① 名前：＿＿＿＿＿＿＿＿＿＿＿＿＿＿＿＿＿＿＿＿＿＿＿＿＿＿＿

② 住所（番地なしで）：＿＿＿＿＿＿＿＿＿＿＿＿＿＿＿＿＿＿＿＿

　　または　地名か最寄り駅名：＿＿＿＿＿＿＿＿＿＿＿＿＿＿＿＿

あいさつ　인사 🔊31

> **안녕하세요?**
> こんにちは。

> **네 , 안녕하세요 ?**
> はい、こんにちは。

　時間帯による区別はなく、会ったときに使います。朝・昼・夜どんな時間帯でも使えます。ビジネスの場面などより丁寧にいうときは「안녕하십니까?」も使われます。
「안녕하세요?」を直訳すると「安寧でいらっしゃいますか」で、「ご無事でいらっしゃいますか」という意味になるため、疑問文になり、文末に「?」がつきます。

> **안녕?**
> こんにちは。

> **어 , 안녕 ?**
> はい、こんにちは。

　友達同士や年下にはより砕けた言い方の「안녕?」が使われます。

> **처음 뵙겠습니다 .**
> 初めまして。

> **만나서 반갑습니다 .**
> お会いできて
> うれしいです。

　初対面でのあいさつも決まっています。

「오래간만입니다」は、久しぶりに会ったときに使います。

「오랜만입니다」も「오랜만이에요」も同じ意味です。

　また、たまに会ったときに安否を聞く言い方もありますので、一緒に使ってみましょう。ただし、毎日会う人には使いませんので気をつけて！

잘 지내셨어요?（お元気でしたか？）

— **네 , 잘 지냈어요 .**（はい、元気でした。）

— **네 , 덕분에 잘 지냈어요 .**（はい、おかげさまで。）

友達同士の言い方も慣れておきましょう。

잘 지냈어?（元気だった？）

— **응 , 잘 지냈어 . 너는?**（うん、元気だったよ。あなたは？）

お礼をいうときの「고맙습니다」と「감사합니다」は同じ意味です。
　「감사합니다」は漢字語で「感謝します」です。「고맙습니다」は固有語です。韓国政府は固有語を積極的に使うことを推奨しています。各放送局のニュースなどの番組の最後は「고맙습니다」を使っていますのでぜひ聞いてみてください。

고맙습니다 . / 감사합니다 .（ありがとうございます。）

천만에요 .（どういたしまして。）

아니에요 .（いいえ。）

　謝る場合は「미안합니다」と「죄송합니다」があります。「미안합니다」は一般的で、「죄송합니다」は「미안합니다」より少しかしこまった表現になります。

죄송합니다 .（申し訳ありません。）　　**미안합니다**（ごめんなさい。）
— 괜찮아요 .（構いませんよ。）
미안해 .（ごめん。）　　**— 아냐 , 괜찮아 .**（いやいや、大丈夫よ。）

미안합니다 .
ごめんなさい。

괜찮아요 .
構いませんよ。

　友達同士はより砕けた言い方である「반말」（タメ口）を使います。
親しみを込めて韓国人の友達と「반말」で話してみましょう！

고마워 .（ありがとう。）　　**땡큐 .**（サンキュー。）
뭘 .（いいよ。）　　**아냐 .**（いやいや。）

別れのあいさつ

안녕히 계세요 .（［その場に残る人に］さようなら。）

안녕히 가세요 .（［去る人に］さようなら。）

どちらもその場から去る場合は、「안녕히 가세요 .」を言います。

その他のあいさつも確認しておきましょう。

드세요 .（お召し上がりください。）

잘 먹겠습니다 .（いただきます。）

잘 먹었습니다 .（ごちそうさまでした。）

다녀오겠습니다 .（行ってきます。）

다녀오세요 .（行ってらっしゃい。）

수고하셨습니다 .（お疲れ様でした。）

수고하세요 .（お疲れ様です。頑張ってください。）

教室用語　교실용어

보세요.
^{ポ セ ヨ}
見てください。

쓰세요.
^{ス セ ヨ}
書いてください。

잘 들으세요.
^{チャル ドゥル セ ヨ}
よく聞いてください。

듣고 따라하세요.
^{トゥッコ タ ラ ハ セ ヨ}
聞いてリピートしてください。

읽으세요.
^{イ ル グ セ ヨ}
読んでください。

알겠습니까?
^{アルゲッスムニカ}
わかりましたか。

네, 알겠습니다.
^{ネ　アルゲッスムニダ}
はい、わかりました。

아뇨, 모르겠습니다.
^{アニョ　モルゲッスムニダ}
いいえ、わかりません。

다시 말해 주세요.
^{タ シ マ レ ジュセ ヨ}
もう一度言ってください。

질문 있어요?
^{チルムン イッソ ヨ}
質問はありますか？

네, 있어요.
^{ネ　イッソ ヨ}
はい、あります。

아뇨, 없어요.
^{アニョ　オップソヨ}
いいえ、ありません。

외우세요.
^{ウェウセ ヨ}
覚えてください。

숙제입니다.
^{スッチェイムニダ}
宿題です。

수고하셨습니다.
^{スゴハショッスムニダ}
お疲れ様でした。

第2部

韓国語で話しましょう！

初級編は、しっかり文型を学んで、自然な表現を身につけるように全15課の構成にしました。

① 各課本文に入る前に【新出語彙】で意味や発音（音声）の確認を行いましょう。
特に気をつけたい発音は別枠に記載しましたので参考にしてください。また、別冊の『発音のルール』も併せてお使いください。
発音の練習は繰り返しやりましょう。

②【文型と解説】で文型の使い方や表現を理解しましょう。

③【文型練習】で学んだ文型を利用して練習をたっぷりしましょう。
文型を使って文を書いたり、読んだりして、反復練習を重ねてください。

④ 本文に戻って、意味を理解し、音声を聞いてリピートし、表現や発音に慣れましょう。

⑤【書く練習】【聞く練習】【話す練習】を通して自然な文を身につけましょう。

⑥ 付録の変則的な活用、いろいろまとめ（あいさつ、副詞、接続詞、疑問詞、助詞、文法）
も活用しながら学習を進めましょう。

저는 스즈키 유미입니다 .
私は鈴木ゆみです。

> 유미 : 안녕하십니까 ?
>
> 강민규 : 네 , 안녕하세요 ?
>
> 유미 : 처음 뵙겠습니다 .
> 저는 스즈키 유미입니다 . 일본 사람입니다 .
>
> 강민규 : 만나서 반갑습니다 .
> 저는 강민규라고 합니다 . 직업은 회사원입
> 니다 .
>
> 유미 : 저는 학생입니다 . 잘 부탁합니다 .
>
> 강민규 : 우리 나라는 처음입니까 ?
>
> 유미 : 네 , 처음입니다 .

- 안녕하십니까 ? 안녕하세요 ?　こんにちは
  - » 朝、昼、夜いつでも使えるあいさつ。「네 , 안녕하세요 ?」のようにあいさつされたら「네 ,（はい）」と受けてから言葉を返すこともある。

- 처음 뵙겠습니다 .　初めまして。
  - » ※처음（最初、初めて、初）と　뵙겠습니다（お目にかかります）が合わさってできた言葉です。

- 저　私、わたくし、わたし
  - » 男女による違いはありません。

- - 은 / 는　〜は（助詞）

- - 입니다　〜です

- 일본 사람　日本人

- 만나서 반갑습니다 .　お会いできてうれしいです。
  - » 반갑습니다だけでも同じ意味

- - 라고 합니다 .　〜と申します。〜といいます。
  - » 自己紹介の決まり文句として「（名前）라고 합니다」と覚えましょう。

- 직업　職業

- 회사원　会社員

- 학생　学生

- 잘 부탁합니다 .　よろしくお願いします。

- 우리 나라　我が国（ここでは韓国）
  - » ＊우리（私たち、私の）＋나라（国）

- 네　はい

발　音　※別冊『発音のルール』を参照してください。

- 안녕하십니까 ? [안녕하심니까 ?]
  - » ※鼻音化：パッチム「ㅂ」の後、「ㄴ」や「ㅁ」が来ると「ㅂ」は「ㅁ」と発音されます。

- 반갑습니다 [반갑씀니다]
  학생 [학쌩]
  - » ※濃音化：「ㄱ , ㄷ , ㅂ , ㅅ , ㅈ」はパッチム「ㄱ , ㄷ , ㅂ」の直後にくると、それぞれ濃音の「ㄲ , ㄸ , ㅃ , ㅆ , ㅉ」と発音されます。

１．- 은 / - 는　〜は（助詞）

名詞（パッチム有）　＋　은　/　名詞（パッチム無）　＋　는

「〜は」にあたる助詞です。「職業」の「직업」のようにパッチムで終わる名詞（パッチム有）には「은」が、「私」の「저」のようにパッチムのない名詞には「는」が使われます。

例：　**직업**은　　職業は　　　　　　**저**는　　私は

※「- 은」は連音化します。気をつけましょう。
　連音化：パッチムの直後に「ㅇ」が来ると、パッチムの音が「ㅇ」に移動し、発音されます。
※別冊『発音のルール』を参照してください。

例：　**직업**은　[지거븐]　　　**사람**은　[사라믄]　　　일본은　[일보는]

２．- 입니다 .　〜です。　 /　- 입니까 ?　〜ですか？

名詞　＋　입니다　/　입니까？

「입니다」は名詞について「〜です」を表します。「입니까 ?」は「〜ですか」（疑問文）で、語尾を上げて発音します。疑問文を書く場合は必ず「？」も書きます。名詞にそのままつきます。辞書形は「이다」（である）です。

例：　**일본 사람**입니다 .　　日本人です。
　　　회사원입니까 ?　　　会社員ですか？

※発音：「- 입니다 / 입니까 ?」は鼻音化します。

　　　- 입니다　[임니다]　　　- 입니까 ?　[임니까]

３．- (이) 라고 합니다 .　〜と申します。　 /　〜といいます。

名詞（パッチム有）　＋　이라고 합니다
名詞（パッチム無）　＋　라고 합니다

　直前の文字にパッチムがあると「- 이라고 합니다」、パッチムがないと「- 라고 합니다」になります。

「- (이) 라고 (〜と)」と「합니다 (いいます)」の２つの言葉でできています。

例：　**김미정**이라고 합니다．　キム　ミジョンと申します。
　　　다나카라고 합니다．　　田中と申します。

※発音：「- 합니다 / 합니까?」は鼻音化します。
　　　　- 합니다 [함니다]　- 합니까？[함니까]

補足：띄어쓰기（ティオスギ）分かち書き

　韓国語の書き方のルールには**띄어쓰기**（分かち書き）があります。基本的に単語と単語の間にスペースを入れて空ける書き方です。
　日本語はひらがな、カタカナ、漢字で書くので、文字を続けて書いても文中の区切りなどが理解しやすいですが、韓国語はほぼ한글だけで書くので続けて書いてしまうと読みづらくなり、文中の区切りが難しくなります。

　例1：　**오빠가방에들어갔다．**

　例1のように空けずに書くと非常に読みづらくなります。ひらがなだけが続けて書いてあると読みづらくなるのと同じでしょう。

　例2：　오빠가 방에 **들어갔다．**　　（直訳）兄が　部屋に　入った。
　　　　오빠 가방에 **들어갔다．**　　（直訳）兄　カバンに　入った。

　例2のように띄어쓰기（分かち書き）を間違えてしまうと全然違う意味になってしまうこともあるので、띄어쓰기（分かち書き）のルールも一緒に覚えましょう。

文型練習

１．次の（　　）の中に「은」あるいは「는」を入れなさい。

①学校は　　**학교**（　　　　　）　　②会社は　　**회사**（　　　　　）

③人は　　　**사람**（　　　　　）　　④韓国は　　**한국**（　　　　　）

⑤日本は　　**일본**（　　　　　）　　⑥教師は　　**교사**（　　　　　）

⑦子どもは　**아이**（　　　　　）　　⑧ソウルは　**서울**（　　　　　）

2．下記の語句を入れて例のように「私は〜です。」の文にしなさい。

例： 私は会社員（회사원）です。 → <u>저는 회사원입니다 .</u>

① 私は　大学生（대학생）です。

　　→ _____

② 私は　教師（교사）です。

　　→ _____

③ 私は　銀行員（은행원）です。

　　→ _____

④ 私は　主婦（주부）です。

　　→ _____

⑤ 私は　韓国人（한국 사람）です。

　　→ _____

3．下記の語句をいれて「〜は〜です」の文にしなさい。

① 　도쿄（東京）/ 처음（初めて）

　　→ _____

② 　아버지（父）/ 공무원（公務員）

　　→ _____

③ 　형（兄）/ 가수（歌手）

　　→ _____

④ 　직업（職業）/ 의사（医者）

　　→ _____

⑤ 　친구（友達）/ 경찰（警察）

　　→ _____

4．下記の名前を入れて「～と申します」の文にしなさい。

① 하야시 아야카 → _____

② 김수철   → _____

5．音声を聞いて（　　）に韓国語を書きなさい。 🔊 34

① 만나서 （　　　　　　　　　　）.

② 고향은 （　　　　　　） 입니다 .   ＊고향：故郷

③ 수미 씨 （　　　　　　） （　　　　　　　　　　）?

6．次の各文を韓国語にしなさい。

①（自分の名前）と申します。 → _____

② 私は学生です。   → _____

③ 日本人ですか。   → _____

※日本語で文章を書くとき、文章が終わると文末に「。」（句点）を必ず書きますね。同じ
　く韓国語でも１文が終わると必ず「.」を書いて、一つの文章が終わったことを示します。

分かち書きに注意しながら、「自己紹介」を書きなさい。

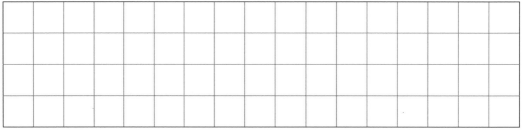

반	갑	습	니	다	.	저	는		하	야	시		아	야	카	라
고		합	니	다	.	직	업	은		회	사	원	입	니	다	.
일	본		사	람	입	니	다	.	잘		부	탁	합	니	다	.

話す練習

上で書いた文をもとに自己紹介しましょう。

(できれば覚えて言ってみましょう。)

【語彙プラス】　직업　職業

회사원	会社員	**교사**	教師
은행원	銀行員	**보육교사**	保育士
자영업	自営業	**학생**	学生
공무원	公務員	**고등학생**	高校生
경찰관・경찰	警察官、警察	**대학생**	大学生
소방관	消防士	**유학생**	留学生
변호사	弁護士		
의사	医師、医者	**연예인**	芸能人
간호사	看護師	**영화배우**	映画俳優
약사	薬剤師	**가수**	歌手
요리사	コック・調理師	**개그맨**	お笑いタレント
엔지니어	エンジニア	**스포츠 선수**	スポーツ選手
디자이너	デザイナー	**유튜버**	ユーチューバー
웹디자이너	ウェブデザイナー	**주부**	主婦

사회복지사	社会福祉士
요양보호사（노인）	療養保護士：お年寄りの介護（介護福祉士）
장애활동지원사（장애인）	障がい活動支援士：障がい者の介護（介護福祉士）

第 2 課	**한국 사람이 아닙니다** 韓国人ではありません。

会 話 35

강민규 : 유미 씨 , 이 사람은 제 친구입니다 .

왕웨이 : 안녕하세요 ? 저는 왕웨이입니다 .

유미 : 안녕하세요 ? 왕웨이 씨도 한국 사람입니까 ?

왕웨이 : 아뇨 , 한국 사람이 아닙니다 .
중국 사람입니다 . 유학생입니다 .

〈중국집〉

유미 : 민규 씨 , 이것은 무엇입니까 ?

강민규 : 그건 짜장면입니다 . 이건 짬뽕입니다 .

유미 : 아 , 그래요 ? 짜장면이 맛있습니까 ?

왕웨이 : 아주 맛있습니다 .

- 씨　～さん　＊～氏

- 이　この

- 사람　人　（ひと、じん、にん）
  » 이 사람 このひと、こちら　일본 사람 日本人　세 사람 3 人

- 제　私の
  »「저＋의」の縮約形です。

- - 도　～も（助詞）
  » 同類・強調・並立・追加を表す

- 아뇨　いいえ

- - 이 / 가 아닙니다 .　～ではありません。～じゃありません。

- 중국　中国

- 유학생　留学生

- 중국집　中華料理店

- 이것　これ

- 무엇　何

- 그건　それは　「그것＋은」の縮約形

- 짜장면　ジャージャー麺（韓国風ジャージャー麺）
  » 자장면も標準語

- 이건　これは　「이것＋은」の縮約形

- 짬뽕　チャンポン（韓国風）

- 아 , 그래요 ?　あ、そうですか？

- - 이 / 가　～が（主格助詞）

- 맛있습니까 ?　おいしいですか？

- 아주　とても、非常に

- 맛있습니다 .　おいしいです。

　※別冊『発音のルール』を参照してください。

- 사람은 ［사라믄］　직업이 ［지거비］　이것은 ［이거슨］
  - » ※連音化：パッチムの直後に「ㅇ」が来ると、パッチムの音が「ㅇ」に移動し、発音されます。
- 아닙니다 ［아님니다］
  - » ※鼻音化
- 중국집 ［중국찝］
  - » ※濃音化
- 맛있습니다 ［마디씀니다 / 마시씀니다］

文型と解説

1. 이 / 그 / 저 / 어느　こ / そ / あ / ど【指示語】

　日本語の「こ / そ / あ / ど」にあたる指示語の「이 / 그 / 저 / 어느」は単独で使うことはできない不完全名詞ですので、必ず後ろに名詞をつけて使用します。

　ただし「もの」を表す名詞「것または거」が後ろにつく場合は分かち書きをしないが、それ以外の名詞がつく場合は分かち書きをします。

例1

이（こ、この）	+것（もの） ＊어느と것は分かち書きをします。	이것	これ
그（そ、その）		그것	それ
저（あ、あの）		저것	あれ
어느（ど、どの）		＊어느 것	どれ

※会話では縮約形がよく使われます。

＋（것の縮約形）거	＋은（〜は）	＋이（〜が）
이것 → 이거　これ	이것은 → 이건　これは	이것이 → 이게　これが
그것 → 그거　それ	그것은 → 그건　それは	그것이 → 그게　それが
저것 → 저거　あれ	저것은 → 저건　あれは	저것이 → 저게　あれが
어느 것 → 어느 거　どれ		어느 것이 → 어느 게　どれが

例2　※指示語＋名詞は分かち書きをします。

　　　이 **사람**　この人　　　　　　그 **볼펜**　そのボールペン
　　　저 **책**　あの本　　　　　　　어느 **학생**　どの学生

※그（その）と저（あの）の使い方は基本的には日本語と同じですが、場合によっては異なることがあります。例えば、話す人や相手も共通に知っているものをいうとき、日本語は「あ」を使うが、韓国語は「그」を使います。異なる使い方のときは会話文などから確認しましょう。　　例：あの人　그 사람

２．- 이 / - 가　～が（助詞）

名詞（パッチム有）　＋　이　/　名詞（パッチム無）　＋　가

「～が」にあたる主格助詞です。
「名前」の「이름」のようにパッチムがある名詞には「이」が、「歌」の「노래」のようにパッチムのない名詞には「가」が使われます。

　　例：　**이름**이　名前が　　　　　**노래**가　歌が

※ただし「私が」という場合は、「**저가**」でなく、「**제가**」となります。

３．- 이 / 가 아닙니다．　～ではありません。～じゃありません。

名詞（パッチム有）　＋　이 아닙니다
名詞（パッチム無）　＋　가 아닙니다

　　直前の文字にパッチムがある場合は「- **이**」が、パッチムのない場合は「- **가**」が使われて、その後に「**아닙니다**」が続いて否定文になります。

　　例：　**학생**이 아닙니다．　　学生ではありません。
　　　　　가수가 아닙니다．　　歌手ではありません。

※否定の疑問文は「- **이 / 가 아닙니까？**」になります。話者が知っていることを確認したいときによく使われます。答え方は、日本語と同じです。

　　例：　**일본 사람**이 아닙니까？　　日本人ではありませんか。
　　　　　네, **아닙니다**．　　　　　　はい、違います。

※「- **이**」は連音化します。気をつけましょう。別冊『発音のルール』を参照してください。

　　例：　**직업**이 [지거비]　　職業が　　　　　**한국**이 [한구기]　　韓国が

1．例のように会話文を作りなさい。

例： 가 : (이것 , 무엇)　__이것은 무엇입니까 ?__
　　　나 : (의자　椅子)　　__의자입니다 .__

① 가 : (이것 , 무엇)　　_____

　　나 : (유자차　ゆず茶)　_____

② 가 : (그것 , 무엇)　　_____

　　나 : (주스　ジュース)　_____

2．次の文を「- 이 / 가 아닙니다」という否定文にしなさい。

① 저는 한국 사람입니다 .　→　_____

② 제 친구입니다 .　　　　→　_____

③ 그 사람은 학생입니다 .　→　_____

④ 이것은 휴대 전화입니다 .→　_____
　＊휴대 전화 : 携帯電話

⑤ 그건 짜장면입니다 .　　→　_____

3．下記の語句をいれて「____ 은 / 는 _____ 이 / 가 아닙니까 ?」の文にしなさい。

① それ　/　時計 (시계)　　　→　_____

② あの人 (그 사람)　/　医者 →　_____

③ この学生　/　中国人　　　→　_____

④ 友達　/　留学生　　　　　→　_____

⑤ これ　/　ジュース　　　　→　_____

4．音声を聞いて（　）に韓国語を書きなさい。🔊 37

① 다나카 씨도 (　　　　　　　) ?

② 아뇨 , (　　　　　) (　　　　　) (　　　　　) .

③ 저 사람은 가수가 (　　　　　　　) ?

④ 그것은 (　　　　　　　) ?

⑤ 네 , 아주 (　　　　　　　) .

5．次の各文を韓国語にしなさい。

① 友達は日本人です。

→ _____

② これもオイキムチですか。　＊オイ（きゅうり）キムチ：오이김치

→ _____

③ 田中さんは留学生ではありませんか。

→ _____

④ 父は日本人ではありません。　＊父：아버지

→ _____

⑤ ジャージャー麺がおいしいですか。

→ _____

分かち書きに注意しながら、「友達 / 家族の紹介」を書きなさい。

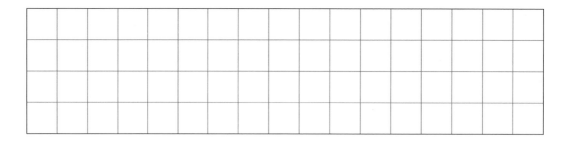

이		사	람	은		제		친	구	입	니	다	.	이	름	은
스	즈	키		유	미	입	니	다	.	일	본		사	람	입	니
다	.		회	사	원	이		아	닙	니	다	.	학	생	입	니
다	.															

話す練習

① 友達や家族を紹介しましょう。

② 教室や近くにあるものについて例のように対話しましょう。

例：　가 : 이건 / 그건 / 저건 무엇입니까 ?
　　　나 : 이건 / 그건 / 저건 김치입니다 .
　　　가 : 이것도 / 그것도 / 저것도 김치입니까 ?
　　　나 : 아뇨 , 김치가 아닙니다 . 나물입니다 .　　＊나물　ナムル

コラム ①　呼称について

「鈴木さん」の「さん」にあたる言い方は「씨」です。外国人の名前の場合は「苗字＋씨」でも構いませんが、韓国人を呼ぶとき、「苗字＋씨」は、あまり使われないので気をつけましょう。場合によっては失礼な言い方になりますので使わない方がいいでしょう。

苗字だけ		名前だけ		フルネーム	
스즈키 씨	○	유미 씨	○	스즈키 유미 씨	○
스티브 씨	○	토마스 씨	○	스티브 토마스 씨	○
강 씨	×、△	민규 씨	○	강민규 씨	○

※「～様」の言い方については＜コラム③＞で紹介します。

　また、韓国人のフルネームをハングルで書く場合は基本的には分かち書きをしません。しかし例外があります。苗字が 2 文字以上ある場合と似ている苗字があって、苗字と名前が紛らわしいときは分かち書きをします。

例：　**강민규**　苗字：**강**　名前：**민규**　　間違いなく「**강**」さんと認識。
　　　황보 영　苗字：**황보**　名前：**영**
　　　황 보영　苗字：**황**　名前：**보영**

　外国人のフルネームをハングルで書く場合は基本的には分かち書きをします。もちろん、例外はあります。中国人の名前を書く場合は、分かち書きをしませんが、分かち書きをしても構いません。

例：　日本人　　：**스즈키 유미**　　アメリカ人：**스티브 토마스**
　　　ベトナム人：**구엔 티 흐엉**　　フランス人：**세실 미라벨레**

　　　中国人　　：**왕 웨이**　○　　　**왕웨이**　○

편의점이 있습니까?
コンビニがありますか？

하야토 : 근처에 편의점이 있습니까?

이수진 : 네, 공원 앞에 있습니다.

하야토 : 고맙습니다.
　　　　그런데 수진 씨 내일 시간이 있습니까?

이수진 : 내일은 친구와 약속이 있습니다.

하야토 : 주말은 어떻습니까?

이수진 : 미안합니다. 주말도 시간이 없습니다.

- 근처　近所、近く

- - 에　〜に　〜へ
  - »「名詞＋에」位置、時間、行為の対象を表す

- 편의점　コンビニ（コンビニエンスストア）

- 있습니까？　ありますか？　いますか？

- 공원　公園

- 앞　（位置において）前

- 고맙습니다．　ありがとうございます。
  - » 감사합니다と同じ。
  - » 감사하다（感謝する）は漢字語、고맙다は固有語です。

- 그런데　ところが、ところで
  - » 話題を変えるときの接続詞

- 내일　明日
  - » ※그저께（一昨日）　어제（昨日）　오늘（今日）　모레（明後日）

- 시간　時間

- - 하고　〜と（助詞）
  - » より丁寧な「- 와 / 과（〜と）」もあります。
  - » 例）친구와 나　友達と私　　오늘과 내일　今日と明日

- 약속　約束

- 주말　週末

- 어떻습니까？　いかがですか？　どうですか？
  - » ＊基本形：어떻다（どうだ）

- 미안합니다．　ごめんなさい。

- 없습니다．　ありません。　いません。

発　音　※別冊『発音のルール』を参照してください。

- 편의점 ［편이점→펴니점］
  - » ※連音化と「의」の発音

- 약속이 ［약쏘기］
  - » ※濃音化と連音化

- 어떻습니까 [어떠씀니까]
  - » ※「ㅎ」パッチムの発音：パッチム「ㅎ」の後に「ㅅ」が来ると「ㅎ」は脱落し、「ㅅ」は濃音の「ㅆ」と発音されます。
- 없습니다 [업씀니다]
  - » ※濃音化と鼻音化：パッチム「ㅄ」の代表音「ㅂ」に「ㅅ」が続くと「ㅅ」は「ㅆ」になります。また、パッチムの「ㅂ」の後に「ㄴ」が来ると「ㅂ」は鼻音化します。

文型と解説

1．-에　〜に、〜へ（助詞）

> 名詞（パッチムの有無に関係なく）　＋　에

①**場所・位置（3課）**、②**時・期間（4課）**、③**進行の方向（5課）**
④**比較・割合の基準や、比較の対象（12課）** などを示します。

例：　**근처에 있습니다.**　　　近くにあります。
　　　학교 옆에 있습니까?　　学校の隣にありますか。

補足：位置　上下左右と前後

前	後ろ	上	下	横・隣	左	右	間	中	外
앞	뒤	위	밑 아래	옆	왼쪽	오른쪽	가운데 사이	안 속	밖

＊どこ：어디　　ここ：여기　　そこ：거기　　あそこ：저기
＊「机の上」＝「책상 위」など、位置を表す言葉の前の**助詞「의（の）」**は省略されます。

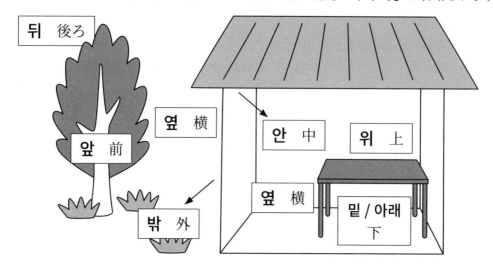

２．있습니다．あります。います。（存在詞）

> 있습니다．　　　（あります。　います。）
> 있습니까？　　　（ありますか？　いますか？）

　日本語では物や概念の存在と人や生物の存在を表す表現は「あります」と「います」に区別されますが、韓国語では「あります」も、「います」も「있습니다」です。原形は「있다」（ある・いる）です。
　また疑問文は「있습니까？」で、語尾を上げて発音します。

　　例：　**숙제가** 있습니다．　　　宿題があります。
　　　　　형이 있습니다．　　　　兄がいます。
　　　　　편의점이 있습니까？　　コンビニがありますか。
　　　　　고양이가 있습니까？　　猫がいますか。

３．없습니다．ありません。いません。（存在詞）

> 없습니다．　　　（ありません。　いません。）
> 없습니까？　　　（ありませんか？　いませんか？）

「있습니다」の対義語は「없습니다」です。これも人と物の区別はしないで使います。原形は「없다」（ない・いない）です。
　また疑問文は「없습니까？」で、語尾を上げて発音します。

　　例：　**누나는** 없습니다．　　　姉はいません。
　　　　　돈이 없습니다．　　　　お金がありません。
　　　　　약속이 없습니까？　　　約束がありませんか？
　　　　　일본 사람은 없습니까？　日本人はいませんか？

４．- 하고・- 와 / 과　〜と（接続助詞）

> ① 名詞（パッチムの有無に関係なく）　＋　하고
> ② 名詞（パッチム無）　＋　와 ／ 名詞（パッチム有）　＋　과

「- 하고」は人や物を並べるときに使います。同じ意味の「- 와 / 과」もあります。「- 하고」の方が会話でよく用いられます。

例：　**우유**하고 **빵**　　　　牛乳とパン
　　　편의점하고 **공원**　　コンビニと公園
　　　언니와 **오빠**　　　　姉と兄
　　　일본과 **한국**　　　　日本と韓国

文型練習

１．次の下線にふさわしい言葉を書きなさい。

① 約束があります。　　　　　　　　약속이　＿＿＿＿＿＿＿＿＿＿＿

② ボールペンがありますか？　　　　볼펜이　＿＿＿＿＿＿＿＿＿＿＿？

③ 兄がいます。　　　　　　　　　　오빠가（형이）＿＿＿＿＿＿＿＿＿
　＊오빠：(妹からみた）兄　　＊형：(弟からみた）兄

④ コンサートのチケットがあります。　콘서트 티켓이　＿＿＿＿＿＿＿＿＿

⑤ 明日も授業がありません。　　　　내일도 수업이　＿＿＿＿＿＿＿＿＿

⑥ 韓国人はいません。　　　　　　　한국 사람은　＿＿＿＿＿＿＿＿＿＿

⑦ ビビンバもありませんか？　　　　비빔밥도　＿＿＿＿＿＿＿＿＿＿？

⑧ 明日も時間がありませんか？　　　내일도 시간이　＿＿＿＿＿＿＿＿＿？

2．例のように（　　）の語句を使って会話文を作りなさい。

例：　**가：근처에　시장　이　있습니까？**　（시장：市場）
　　　나：네，　있습니다．/ 아뇨，없습니다．

①가：근처에 ＿＿＿＿＿＿ 이 / 가 ＿＿＿＿＿？（도서관：図書館）

　　나：네，＿＿＿＿＿＿＿＿＿＿＿＿＿＿＿＿

②가：근처에 ＿＿＿＿＿＿ 이 / 가 ＿＿＿＿＿？（백화점：デパート）

　　나：아뇨，＿＿＿＿＿＿＿＿＿＿＿＿＿＿＿

③가：학교 앞에 ＿＿＿＿＿＿ 이 / 가 ＿＿＿＿＿？（우체국：郵便局）

　　나：아뇨，＿＿＿＿＿＿＿＿＿＿＿＿＿＿＿

④가：편의점 옆에 ＿＿＿＿＿＿ 이 / 가 ＿＿＿＿＿？（서점：書店）

　　나：네，＿＿＿＿＿＿＿＿＿＿＿＿＿＿＿＿

3．次の各文を韓国語にしなさい。

①近くに病院がありますか。　　＊病院：병원

　　→ ＿＿＿＿＿＿＿＿＿＿＿＿＿＿＿＿＿＿＿＿＿＿＿

②学校の隣に図書館があります。　　＊図書館：도서관

　　→ ＿＿＿＿＿＿＿＿＿＿＿＿＿＿＿＿＿＿＿＿＿＿＿

③学校に中国人はいません。　　＊中国人：중국 사람

　　→ ＿＿＿＿＿＿＿＿＿＿＿＿＿＿＿＿＿＿＿＿＿＿＿

④ゆみさんはどこにいますか。　　＊どこに：어디에

　　→ ＿＿＿＿＿＿＿＿＿＿＿＿＿＿＿＿＿＿＿＿＿＿＿

4．音声を聞いて（　　）に韓国語を書きなさい。　🔊40

①근처에 슈퍼가（　　　　　　　　　）？

②네，서점（　　　　　　　　）（　　　　　　　　　　　）．

③ 유미 씨 내일 (　　　　　　　　) (　　　　　　　　)?

④ 미안합니다. (　　　　　　　　) (　　　　　　　　).

書く練習

自分の部屋の様子を説明する文を書きましょう。

	제		방	에	는		책	상	과		침	대	가		있	습
니	다	.	책	상		위	에		컴	퓨	터	가		있	습	니
다	.	텔	레	비	전	은		없	습	니	다	.	책	상		밑
에		가	방	이		있	습	니	다	.						

＊책상：机　　침대：ベッド　　컴퓨터：パソコン　　텔레비전：テレビ

話す練習

隣の人と今日または週末に約束があるかどうか尋ねたり答えたりしましょう。

一昨日	昨日	今日	明日	明後日
그저께	어제	오늘	내일	모레

※注意：これらのことばには時間を表す助詞の「- 에」はつけません。

週末：주말

先週	今週	来週	先月	今月	来月
지난주	이번 주	다음 주	지난달	이번 달	다음 달

※注意：지난주 , 지난달は１つの言葉になるので分かち書きをしません。

【語彙プラス】 　장소・건물　場所・建物

학교	学校	시장	市場
도서관	図書館	마트	大型スーパー
시청	市役所	슈퍼마켓	スーパー
구청	区役所	편의점	コンビニ
경찰서	警察署	가게	店、店舗
지구대 (파출소)	交番	식당	食堂
소방서	消防署	커피숍	コーヒーショップ
우체국	郵便局	공원	公園
은행	銀行	노래방	カラオケ
병원	病院	PC 방	ネットカフェ
약국	薬局	영화관 (극장)	映画館 (劇場)
대사관	大使館	수족관	水族館
서점 (책방)	書店（本屋）	동물원	動物園
호텔	ホテル	놀이공원	遊園地
백화점	デパート	남대문시장	南大門市場
공항	空港	동대문시장	東大門市場
면세점	免税店	남산서울타워	南山ソウルタワー
역	駅	한강공원	漢江公園
버스정류장	バス停留所	롯데월드	ロッテワールド
버스터미널	バスターミナル	에버랜드	エバーランド

주말에 운동합니다 .
週末に運動します。

会 話  41

이수진 : 유미 씨는 운동을 좋아합니까 ?

유미 : 네 , 좋아합니다 . 주로 주말에 운동합니다 .

이수진 : 어디에서 운동을 합니까 ?

유미 : 스포츠센터에서 에어로빅을 합니다 .
수진 씨는 운동을 합니까 ?

이수진 : 아뇨 , 운동을 싫어합니다 .
하지만 보통 아침에 산책을 합니다 .

유미 : 그래요 . 아침 산책은 몸에 좋습니다 .
저도 아침에 공원을 산책합니다 .

- 운동　運動

- 운동 (을) 하다　運動 (を) する

- - 을 / 를　～を (助詞)

- 좋아하다 .　好きだ。

- 주로　主に

- - 에서　(場所) ～で (助詞)

- 스포츠센터　スポーツセンター、ジム

- 에어로빅　エアロビクス

- 싫어하다　嫌いだ

- 하지만　しかし、だが、でも

- 보통　普通、普段

- 아침　朝
  » 【時を表す表現】 p.69 参照

- 산책 〈散策〉　散歩

- 산책 (을) 하다　散歩 (を) する

- 그래요 .　そうですね。　そうです。

- 몸　体、身体

- 좋습니다 .　良いです。
  » *基本形：좋다 (良い)
  » *몸에 좋습니다 .　体に良いです。

発　音　※別冊『発音のルール』を参照してください。

- 좋아하다 ［조아하다］
  » ※「ㅎ」パッチムの発音

- 싫어하다 ［시러하다］
  » ※「ㅎ」パッチムの発音と連音化

- 좋아합니다 ［조아합니다］　싫어합니다 ［시러합니다］

- 아침에 ［아치메］
  - » ※連音化
- 좋습니다 ［조씀니다］
  - » ※「ㅎ」パッチムの発音
- 좋다 ［조타］
  - » ※激音化

文型と解説

１．用言と語幹

① 用言 ：文章で叙述語の機能をする**動詞、形容詞**を用言といいます。**存在詞**「있다（ある、いる）、없다（ない、いない）」や**指定詞**「- 이다（である）、- 아니다（ではない）など」も含まれます。簡単に言って、文章に合わせて形が変わるものが用言です。

② 語幹 ：用言の基本形から「**다**」をとったものを語幹と言います。また、用言の活用の際は、語幹の最後にパッチムがあるかないかで区別します。変則活用をする「**ㄹ**」パッチムで終わる語幹を「**ㄹ語幹**」と言います。

※動詞

語幹	語幹	語幹
하다	**만나다**	**먹다**
する	会う	食べる

※形容詞

語幹	語幹	語幹
짜다	**바쁘다**	**좋다**
塩辛い	忙しい	良い

※ㄹ語幹

語幹	語幹
만들다	**멀다**
作る	遠い

2. - ㅂ니다 . / - 습니다 .　～です。～ます。

語幹の最後にパッチム有	＋	습니다 / 습니까 ?
語幹の最後にパッチム無・「ㄹ」語幹	＋	ㅂ니다 / ㅂ니까 ?

「～です・～ます」の丁寧な表現です。語幹の最後にパッチムがある場合は「- 습니다」を、語幹の最後にパッチムがない場合は「- ㅂ니다」をつけます。また、語幹の最後のパッチムが「ㄹ」(「ㄹ語幹」) の場合は、「ㄹ」パッチムを脱落させ、「- ㅂ니다」をつけます。
　疑問文はそれぞれ「- 습니까 ?」、「- ㅂ니까 ?」になります。

※フォーマルな場面でよく使われます。男性がよく使いますが、会社勤務の女性もビジネスの場面でよく使います。

【語幹の最後にパッチム有】

意味	基本形	語幹	～です・ます	意味
食べる	먹다	먹	먹습니다	食べます
良い	좋다	좋	좋습니다	良いです
ある・いる	있다	있	있습니다	あります・います

【語幹の最後にパッチム無】

する	하다	하	합니다	します
会う	만나다	만나	만납니다	会います
塩辛い	짜다	짜	짭니다	塩辛いです
忙しい	바쁘다	바쁘	바쁩니다	忙しいです

【ㄹ語幹】「ㄹ」パッチム脱落

作る	만들다	만들　→　만드	만듭니다	作ります
遠い	멀다	멀　→　머	멉니다	遠いです

　例：　**주말에 운동**합니다 .　　週末に運動します。
　　　　학교가 멉니다 .　　　　学校が遠いです。(＊ㄹ語幹)
　　　　편의점이 있습니까 ?　　コンビニがありますか？

3. -을 / -를　～を（助詞）

パッチム有　＋　을　/　パッチム無　＋　를

日本語の助詞の「～を」にあたります。

例：　**케이크를 먹습니다.**　　ケーキを食べます。
　　　무엇을 합니까?　　　何をしますか？

また、「～が」や「～に」を使う文で「-을 / 를」を使うものもあります。覚えましょう。

～が好きだ	～が嫌いだ	～に乗る	～に会う
-을 / 를 좋아하다	-을 / 를 싫어하다	-을 / 를 타다	-을 / 를 만나다

例：　**짜장면을 좋아합니다.**　　ジャージャー麺が好きです。
　　　영화를 좋아합니다.　　　映画が好きです。
　　　시험을 싫어합니다.　　　試験が嫌いです。

　　　지하철을 탑니다.　　　　地下鉄に乗ります。
　　　버스를 탑니다.　　　　　バスに乗ります。

　　　연예인을 만납니다.　　　芸能人に会います。
　　　친구를 만납니다.　　　　友達に会います。

4. -에서　～で（行為が行われる場所）

場所を表す助詞です。直前の文字のパッチムの有無は関係ありません。

例：　**식당에서 불고기를 먹습니다.**　　食堂でプルコギを食べます。
　　　여기에서 무엇을 합니까?　　　　ここで何をしますか。

補足：時を表す表現

아침	① 朝	② 朝食（朝ごはん）
점심	① 昼	② 昼食（昼ごはん）
저녁	① 夕方・晩	② 夕食（晩ごはん、夜ごはん）

새벽	明け方
낮	昼間
밤	夜・晩

오전	午前
오후	午後

補足：曜日

月曜日	火曜日	水曜日	木曜日	金曜日	土曜日	日曜日
월요일	**화요일**	**수요일**	**목요일**	**금요일**	**토요일**	**일요일**

文型練習

１．次の形容詞を適切な形に変えなさい。

形容詞	語幹	ㅂ / 습니다	ㅂ / 습니까？
① **크다**（大きい）			
② **예쁘다**（かわいい）			
③ **비싸다**（[値段が] 高い）			
④ **작다**（小さい）			
⑤ **재미있다**（面白い）			
⑥ **아름답다**（美しい）			
⑦ **짧다**（短い）			
⑧ **길다**（長い）　＊ㄹ語幹			
⑨ **멀다**（遠い）　＊ㄹ語幹			

第４課　주말에 운동합니다．週末に運動します。　**69**

2．次の動詞を適切な形に変えなさい。

動詞	語幹	ㅂ / 습니다	ㅂ / 습니까？
① 가다（行く）			
② 타다（乗る）			
③ 마시다（飲む）			
④ 주다（あげる、くれる）			
⑤ 쓰다（使う、書く、かぶる）			
⑥ 먹다（食べる）			
⑦ 닦다（拭く、磨く）			
⑧ 읽다（読む）			
⑨ 하다（する）			
⑩ 일하다（仕事する、働く）			
⑪ 공부하다（勉強する）			
⑫ 운동하다（運動する）			
⑬ 사랑하다（愛する）			
⑭ 알다（知る） ＊ㄹ語幹			
⑮ 만들다（作る） ＊ㄹ語幹			
⑯ 살다（住む） ＊ㄹ語幹			

3．（　　）に助詞の「을 / 를」を入れて、下の　　　　の中からふさわしい言葉を選んで「- ㅂ니다 / 습니다」に変えて、文を作りなさい。

① 불고기（　　　　）＿＿＿＿＿＿＿＿＿＿＿＿＿＿＿　＊불고기：プルコギ

② 술　　（　　　　）＿＿＿＿＿＿＿＿＿＿＿＿＿＿＿　＊술：酒

③ 친구　（　　　　）＿＿＿＿＿＿＿＿＿＿＿＿

④ 한국말（　　　　）＿＿＿＿＿＿＿＿＿＿＿＿　＊한국말：韓国語

⑤ 버스　（　　　　）＿＿＿＿＿＿＿＿＿＿＿＿

만나다　　공부하다　　가다　　마시다　　타다　　만들다

4. 例のように（　　）の語句を使って会話文を作りなさい。

例：　가：**어디에서**　**구두를**　**삽니까?**　　（구두：靴 / 사다：買う）
　　　나：　**시장에서**　　**삽니다.**　　（시장：市場）

① 가：어디에서 ＿＿＿＿＿ ＿＿＿＿＿?（점심：昼ごはん / 먹다：食べる）

　　나：＿＿＿＿＿ ＿＿＿＿＿　　　　（식당：食堂）

② 가：어디에서 ＿＿＿＿＿ ＿＿＿＿＿?（영어：英語 / 공부하다：勉強する）

　　나：＿＿＿＿＿ ＿＿＿＿＿　　　　（학교：学校）

③ 가：무엇을 ＿＿＿＿＿?　　　（타다：乗る）

　　나：＿＿＿＿＿ ＿＿＿＿＿　（지하철：地下鉄）

④ 가：누구를 ＿＿＿＿＿?　　　（만나다：会う）

　　나：＿＿＿＿＿ ＿＿＿＿＿（어머니：母）

5. 次の各文を韓国語にしなさい。

① どこで運動をしますか？　　＊どこ：어디

　　→ ＿＿＿＿＿＿＿＿＿＿＿＿＿＿＿＿＿＿＿＿＿＿＿

② デパートで靴を買います。　　＊デパート：백화점 / 靴：구두

　　→ ＿＿＿＿＿＿＿＿＿＿＿＿＿＿＿＿＿＿＿＿＿＿＿

③ 韓国ドラマが好きです。　　＊ドラマ：드라마

　　→ ＿＿＿＿＿＿＿＿＿＿＿＿＿＿＿＿＿＿＿＿＿＿＿

④ カフェでコーヒーを飲みます。　　＊カフェ：카페 / コーヒー：커피

　　→ ＿＿＿＿＿＿＿＿＿＿＿＿＿＿＿＿＿＿＿＿＿＿＿

6. 音声を聞いて（　）に韓国語を書きなさい。 🔊 43

① 수진 씨는 운동을 （　　　　　　　　）?

② 어디에서 （　　　　　） （　　　　　） ?

③ 주로 （　　　　　） （　　　　　） （　　　　　）.

④ （　　　　　） （　　　　　） （　　　　　） （　　　　　）.

読む練習

次の文章を読んで、質問に答えなさい。

> 수진 씨는 남자 친구가 있습니다. 남자 친구와 주로 주말에 만납니다. 그리고 보통 남자 친구하고 분식집에서 식사를 합니다. 수진 씨는 라면과 김밥을 좋아합니다. 하지만 남자 친구는 라면을 싫어합니다. 남자 친구는 비빔밥을 먹습니다. 그리고 도서관에서 일본어를 공부합니다.

＊남자 친구：彼氏、ボーイフレンド　　＊그리고：そして
＊분식집：主に粉食を提供する軽食店　　＊라면：ラーメン　　＊김밥：海苔巻き、キンパ

① 수진 씨는 언제 남자 친구를 만납니까?

② 수진 씨는 무엇을 좋아합니까?

③ 남자 친구도 라면을 좋아합니까?

④ 수진 씨는 도서관에서 무엇을 합니까?

話す練習

隣の人と好きなことと嫌いなことは何か話しましょう。

・＿＿＿＿＿＿ 씨는 무엇을 좋아합니까? / 싫어합니까?

週末は普通、何をしますか。自分の週末を話しましょう。

例：　저는 주말에 보통 청소를 합니다. 그리고 공원에서 산책을 합니다.
＊청소를 하다：掃除をする

가다	行く		좋아하다	好きだ
오다	来る		싫어하다	嫌いだ
보다	見る		쉬다	休む
듣다	聞く		만들다	作る
읽다	読む		닦다	拭く、磨く
쓰다	使う、書く、かぶる		보내다	送る
먹다	食べる		사다	買う
마시다	飲む		팔다	売る
씻다	洗う		공부 (를) 하다	勉強 (を) する
자다	寝る		운동 (을) 하다	運動 (を) する
일어나다	起きる		산책 (을) 하다	散歩 (を) する
만나다	会う		식사 (를) 하다	食事 (を) する
타다	乗る		일 (을) 하다	働く、仕事 (を) する
울다	泣く、鳴く		말 (을) 하다	言う
웃다	笑う		이야기 (를) 하다	話 (を) する
낫다	治る		청소 (를) 하다	掃除 (を) する
불다	吹く		빨래 (를) 하다	洗濯 (を) する

기본 형용사　基本形容詞／対義語

크다	大きい	⇔	작다	小さい
많다	多い	⇔	적다	少ない
높다	高い（高さ）	⇔	낮다	低い
비싸다	高い（値段）	⇔	싸다	安い
멀다	遠い	⇔	가깝다	近い
따뜻하다	暖かい	⇔	시원하다	涼しい
춥다	寒い	⇔	덥다	暑い
좋다	良い	⇔	나쁘다	悪い
빠르다	速い	⇔	늦다	遅い
맛있다	おいしい	⇔	맛없다	おいしくない
재미있다	面白い	⇔	재미없다	つまらない

어디에 있어요 ?
どこにありますか？

会 話  44

유미 : 버스 정류장은 어디에 있어요 ?

강민규 : 편의점 앞에 있어요 . 저기에서 버스를 탑니다 .

유미 : 고마워요 . 그리고 우체국은 어디예요 ?

강민규 : 여기에는 우체국이 없어요 .
그런데 버스로 어디에 갑니까 ?

유미 : 남산서울타워에 갑니다 . 약속이 있어요 .

강민규 : 조심해서 다녀오세요 .

- 정류장　停留所
  - » ＊버스 정류장　バス停

- 어디에 있어요？　どこにありますか？
  - » ここの助詞の「- 에」は「〜に」の**場所・位置**を示します。　＊３課参照

- 저기　あそこ

- - 을 / 를 타다．　〜に乗る。

- 그리고　そして

- 우체국　郵便局

- 어디예요？　どこですか？

- 없어요．　ありません。

- - 로　〜で　（動作・作用の手段・方法・材料などを表す）（助詞）

- 어디에 갑니까？　どこへ（に）行きますか？
  - » ここの助詞の「- 에」は「〜へ / に」の**進行の方向**を示します

- 남산서울타워　南山ソウルタワー

- 약속　約束

- 있어요．　あります。

- 조심해서 다녀오세요．　気をつけて行ってらっしゃい。

※편의점 앞　日本語訳だと「コンビニの前」になりますが、韓国語では「の」にあたる助詞「의」は
つけません。

発　音　※別冊『発音のルール』を参照してください。

- 정류장 ［정뉴장］
  - » 流音「ㄹ」の鼻音化：「ㄱ，ㅁ，ㅂ，ㅇ」音のパッチムの後に「ㄹ」が続くと「ㄹ」は「ㄴ」の音になります。

- 어디예요？ ［어디에요］
  - » 「ㄹ」を除いた子音の後に「ㅖ」が続くと、実際「ㅔ」と発音することが多いので、普通は「ㅔ」と
    発音されます。
  - » ＊「예요」の発音は ［에요］ となります。

- 없어요 ［업써요］
  - » ※濃音化と連音化

- 있어요 ［이써요］
  » ※連音化
- 약속이 ［약쏘기］
  » ※濃音化と連音化

文型と解説

1．있어요．あります。います。「있습니다」の「요体」

> 있어요．あります。います。　/　있어요？　ありますか？いますか？

語尾のイントネーションを上げて発音すると疑問文になります。

例：　**오빠가** 있어요？　　　　　お兄さんがいますか？
　　- **네**，있어요．　　　　　はい、います。
　　- **아뇨**，**언니가** 있어요．　　いいえ、姉がいます。

2．없어요．ありません。いません。「없습니다」の「요体」

> 없어요．ありません。いません。/없어요？ありませんか？いませんか？

語尾のイントネーションを上げて発音すると疑問文になります。

例：　**숙제가** 없어요？　　宿題がありませんか？
　　- **네**，**없어요**．　　　はい、ありません。
　　- **아뇨**，**있어요**．　　いいえ、あります。

3．-（으）로　～で（手段・道具）　/　～へ（方向）（助詞）

> 直前の文字に**パッチム有**　＋　으로
> 直前の文字に**パッチム無**・「ㄹ」**パッチム**　＋　로

① **動作・作用の手段・道具・方法・材料を表す（～で）**

例：　**젓가락**으로 **먹습니다**．　　箸で食べます。
　　버스로 갑니다．　　　　バスで行きます。
　　지하철로 갑니다．　　　地下鉄で行きます。

② 方向を表す（〜へ）

例：　**부산**으로 **갑니다**.　　釜山へ行きます。
　　　학교로 **갑니다**.　　　学校へ行きます。
　　　서울로 **갑니다**.　　　ソウルへ行きます。

文型練習

1．絵を見て質問に答えなさい。（＊上下左右などの位置は3課を参照）

① 우산은 어디에 있어요 ?　우산은 _____.　＊우산 : 傘

② 가방은 어디에 있어요 ?　가방은 _____.

③ 책상 위에 무엇이 있어요 ? _____.

④ 고양이는 어디에 있어요 ? _____.　＊고양이 : 猫

⑤ 개도 있어요 ? _____.　＊개 : 犬

2．例のように会話文を作りなさい。正しい助詞を使うこと。

例：　가 : 무엇으로 갑니까 ?
　　　나 :　**택시로**　갑니다.　（택시 : タクシー）

① 가 : 무엇으로 먹습니까 ?

　나 : _____ 먹습니다. （젓가락 : 箸）

② 가 : 이 기차는 어디로 갑니까 ?

　나 : _____ 갑니다. （광주 : 光州）

３．次の各文を韓国語にしなさい。

① 学校の前にあります。

→ _____

② 飛行機でアメリカへ行きます。 ＊飛行機：비행기　＊アメリカ：미국

→ _____

③ ここにはコンビニがありません。

→ _____

④ 週末に大学路（大学路）で約束があります。　＊大学路［대항노］

→ _____

＊大学路：大学路　1974 年までソウル大学の校舎が道の両側に並んでいたことから大学
　路と呼ばれるようになって、今はその名前が定着しています。

４．音声を聞いて（　　）に韓国語を書きなさい。 🔊 46

① 지하철역은 (　　　　　　) (　　　　　　)?

② 그런데　(　　　　　　) (　　　　　　) (　　　　　　)?

③ 유미 씨 주말에 (　　　　　　) (　　　　　　)?

④ (　　　　　　) (　　　　　　).

書く練習　※ p.63 の【語彙プラス】場所・建物の言葉を使ってください。

自宅や会社・学校の近くに何が（どんな施設が）あるか書きましょう。

_____

_____

_____

話す練習

隣の人と教室の様子、物がどこにあるか質問したり答えたりしましょう。

【語彙プラス】　내 방　私の部屋

책상	机	**컴퓨터**	コンピュータ
책꽂이	本棚	**노트북**	ノートパソコン
책	本	**프린터**	プリンタ
사전	辞書	**텔레비전**	テレビ
스탠드	スタンド	**충전기**	充電器
의자	椅子	**문**	ドア
침대	ベッド	**창문**	窓
가방	かばん	**커튼**	カーテン

교통수단 등　交通手段など

자동차	自動車	**자전거**	自転車
※걸어서	歩いて		
지하철	地下鉄	**기차**	汽車
전철	電車	**KTX**	高速鉄道
버스	バス		
마을버스	コミュニティーバス、地域バス		
택시	タクシー		
모범택시	高級タクシー（一般タクシーより料金が高い）		
소방차	消防車	**비행기**	飛行機
구급차	救急車	**배**	船
경찰차	パトカー	**유람선**	遊覧船
수거차＝쓰레기차	ゴミ収集車	**트럭**	トラック
경전철	既存の地下鉄より距離と輸送人口が半分くらいの軽量の乗り物		

바다도 보고 회도 먹습니다.

海も見て、刺身も食べます。

수진 씨와 저는 친구입니다. 수진 씨는 대학교에서 일본어를 공부합니다. 저는 회사에 다닙니다.

부산에 수진 씨 친구가 삽니다. 수진 씨 친구도 일본어를 공부합니다. 이번 주말에 수진 씨와 같이 수진 씨 친구를 만나러 부산에 갑니다. 부산까지는 KTX로 갑니다. 부산에서 바다도 보고 회도 먹습니다. 그리고 쇼핑을 합니다. 주말이 기다려집니다.

- 대학교　大学

- 일본어　日本語

- 공부하다　勉強する

- 회사　会社

- - 에 다니다　〜に通う、〜に勤める
  » 회사에 다니다 . : 会社に勤めている。

- 부산　釜山
  » 韓国第2の都市で国際貿易港としても有名

- - 에 삽니다 .　〜に住んでいます。
  » - 에 살다 . : 〜に住む。

- - 도　〜も（助詞）

- 이번　今度

- 같이　一緒に

- - (으) 러　〜しに

- - 까지　〜まで　時間・場所の到着点

- KTX　Korea Train eXpress
  » 韓国鉄道公社（KORAIL）が運営する高速鉄道

- 가다　行く

- 바다　海

- 보다　見る、眺める

- - 고　〜て
  » ＊並列

- 회　刺身

- 그리고　そして

- 쇼핑　ショッピング、買い物

- 기다려집니다 .　待ち遠しいです。楽しみです。

・같이 [가치]

　» ※口蓋音化：パッチムの「ㅌ」に「이」が続くと「ㅌ」は「ㅊ」に変わります。

・KTX [케이티엑스]

　» 〈コラム②〉「アルファベットのハングル表記」p.86 参照

文型と解説

1．- 와 / 과 같이・- 하고 같이　〜と一緒に、〜とともに

人や物と一緒に同じことをするときの表現です。「- 와 / 과 함께」も同じ。

例：　빵은 우유와 같이 먹습니다 .　　　パンは牛乳と一緒に食べます。

　　　여동생과 같이 영화를 봅니다 .　　妹と一緒に映画を見ます。

　　　어머니하고 같이 시장에 갑니다 .　母と一緒に市場へ行きます。

2．-(으) 러　〜しに

> 動詞の語幹にパッチム有　＋　으러
> 動詞の語幹にパッチム無・「ㄹ」語幹　＋　러

動詞の語幹について「〜しに」「〜するために」という目的を表します。後ろには「가다 行く、오다 来る、다니다 通う」など移動を示す動詞が続きます。

例：　회를 먹으러 부산에 갑니다 .　　刺身を食べに釜山へ行きます。

　　　친구를 만나러 갑니다 .　　　　友達に会いに行きます。

　　　무엇을 하러 갑니까 ?　　　　　何をしに行きますか。

　　＊「ㄹ」語幹

　　　케이크를 만들러 갑니다 .　　　ケーキを作りに行きます。

※変則活用もあります。　巻末の【付録】「変則的な活用」参照

　「ㄷ」変則：語幹の最後が「ㄷ」パッチムの動詞

　例：　싣다　載せる　「ㄷ」パッチム→「ㄹ」にして＋으러

　　　짐을 실으러 갑니다 .　　　　荷物を載せに行きます。　＊짐：荷物

　「ㅂ」変則：語幹の最後が「ㅂ」パッチムの動詞

　例：　줍다　拾う　「ㅂ」パッチム→脱落＋우＋러

　　　도토리를 주우러 갑니다 .　　どんぐりを拾いに行きます。

　　　　　　　　　　　　　　　　＊도토리：どんぐり

３．‐고　①並列：〜て、〜くて　②順次動作：〜して（連結語尾）

> 用言の語幹　＋　고

「‐고」は①並列、②順次動作を表す連結語尾です。

① 並列：2つ以上の同じレベルにあるものを並べるときに使います。

　　例：　**아침에는 뉴스를 보고 커피를 마십니다.**
　　　　　（朝は、ニュースを見て、コーヒーを飲みます。）
　　　　　제주도는 산도 있고 바다도 있습니다.
　　　　　（済州島は山もあって、海もあります。）
　　※事柄の前後を変えても意味は変わらない。

② 順次動作：順番に続けて行われる動作を表現します。

　　例：　**숙제를 하고 잡니다.**　　　宿題をして（から）寝ます。
　　　　　손을 씻고 밥을 먹습니다.　手を洗って（から）ご飯を食べます。

また、3つ以上は、「‐고‐고」のように付け加えることもできます。

文型練習

1．「‐와 / 과 같이」を使って例のように文を完成させなさい。

　　例：　母と一緒に市場へ行きます。　→　**엄마와 같이 시장에 갑니다.**

　　① 弟と一緒にお酒を飲みます。（弟：남동생　お酒：술）

　　　→ _____

　　② サンドイッチはコーヒーと一緒に食べます。（サンドイッチ：샌드위치）

　　　→ _____

　　③ 彼氏と一緒に映画を見ます。（彼氏：남자 친구、映画：영화）

　　　→ _____

　　④ 先生と一緒に勉強します。（先生：선생님　勉強する：공부하다）

　　　→ _____

2．次の文を「～しに～ます」の文にしなさい。

① 선물을 사다（プレゼントを買う）/ 백화점에 가다（デパートへ行く）

→ _____

② 영어를 배우다（英語を習う）/ 학원에 다니다（教室に通う）

→ _____

③ 점심을 먹다（昼ごはんを食べる）/ 집에 오다（※家に帰る）

→ _____

④ 공부하다（勉強する）/ 도서관에 가다（図書館へ行く）

→ _____

※「帰る」を表す言葉は 4 つ。どれも「帰る」として使われます。
① 「돌아가다」の直訳は「帰っていく」です。
　　例：친구는 저녁에 **돌아갑니다**．（友達は夕方に帰っていきます。）
② 「돌아오다」の直訳は「帰ってくる」
　　例：동생이 집에 **돌아와요**．弟が家に帰ってきます。
③ 「가다」　例：다음 주에 고향에 **갑니다**．来週に故郷へ帰ります。
④ 「오다」　例：언니는 내일 집에 **옵니다**．姉は明日家に帰ってきます。

3．次の文を「～て～します」の文にしなさい。

① 영화를 보다（映画を見る）　＋　커피를 마시러 가다（コーヒーを飲みに行く）

→ _____

② 숙제를 하다（宿題をする）　＋　텔레비전을 보다（テレビを見る）

→ _____

③ 저녁을 먹다（夕飯を食べる）　＋　술을 마시다（お酒を飲む）

→ _____

④ 청소하다（掃除する）　＋　요리하다（料理する）　＋　빨래하다（洗濯する）

→ _____

4．次の各文を韓国語にしなさい。

① 수진さんは大学で経営を勉強します。　＊経営：경영

　　→ _____

② 광주（光州）に友達が住みます。（住んでいます）

　　→ _____

③ 映画を見に映画館へ行きます。　＊映画：영화　映画館：영화관

　　→ _____

④ 대전（大田）までは高速バスで行きます。　＊高速バス：고속버스

　　→ _____

5．音声を聞いて（　　）に韓国語を書きなさい。 🔊 49

① 유미 씨는 (　　　　　　　　) (　　　　　　　　).

② 주말에 (　　　　　　) (　　　　　　) (　　　　　　) (　　　　　　).

③ 제주도에서 (　　　　　) (　　　　　　　) 바다도 봅니다.

④ 여름 휴가가 (　　　　　　　　). ＊여름 휴가：夏の休暇

書く練習

次の質問に答えてください。自分のことについて答えましょう。

① 지금 무엇을 공부합니까?　　＊지금：今

② 회사에 다닙니까?

③ 주말에 어디에 갑니까?

話す練習

自分の一日、または週末にすることを「- 고 - 고」を使ってたくさん言ってみましょう。

コラム②

　デジタル化が進んでいる中、外来語（カタカナ語ともいう）をよく耳にします。アーカイブ、リテラシー、インフルエンサーなどの IT 関連用語以外にも、コミット、ポテンシャル、エビデンス、バイタリティーなど、たくさんありますね。

　韓国語にも多くの外来語があります。まず、アルファベットのハングル表記を確認しましょう。そしてよく使う外来語も確認しましょう。

　日本語と発音が少し違うものもあるので発音してみたり、ネイティブの発音を聞いてみたりして慣れていきましょう。

【アルファベットのハングル表記】
알파벳　アルファベット＝ローマ字

A	[에이]	B	[비]	C	[씨]
D	[디]	E	[이]	F	[에프]
G	[지]	H	[에이치]	I	[아이]
J	[제이]	K	[케이]	L	[엘]
M	[엠]	N	[엔]	O	[오]
P	[피]	Q	[큐]	R	[알]
S	[에스]	T	[티]	U	[유]
V	[브이]	W	[더블유]	X	[엑스]
Y	[와이]	Z	[제트]		

＜外来語の飲食店名＞

맥도날드	マクドナルド	롯데리아	ロッテリア
버거킹	バーガーキング	모스버거	モスバーガー
써브웨이	サブウェイ	스타벅스	スターバックス
크리스피크림도넛	クリスピー・クリーム・ドーナツ		
피자헛	ピザハット	도미노피자	ドミノピザ
케이에프씨（KFC）	ケンタッキー		

テレビ（television）	텔레비전
スマホ：スマートフォン（smart phone）	스마트폰
イヤホン（earphone）	이어폰
ヘッドホン（headphone）	헤드폰
チャンネル（channel）	채널
パソコン パーソナルコンピュータ（Personal Computer）	컴퓨터
ノートパソコン（notebook personal computer）	노트북
インターネット（Internet）	인터넷
ユーチューブ（YouTube）	유튜브
ブログ（blog）	블로그
インスタグラム（Instagram）	인스타그램
ツイッター（Twitter）	트위터
インフルエンサー（Influencer）	인플루언서
ステーキ（steak）	스테이크
ハンバーグ（hamburg steak）	햄버그스테이크
ハンバーガー（hamburger）	햄버거
ピザ（pizza）	피자
パスタ（pasta）	파스타
サラダ（salad）	샐러드
デザート（dessert）	디저트
ケーキ（cake）	케이크
コーラ（cola）	콜라
ジュース（juice）	주스
コーヒー（coffee）	커피
チョコレート（chocolate）	초콜릿

바다는 보이지 않습니다.
海は見えません。

아야카 : 수진 씨 , 지금부터 어디에 갑니까 ?

이수진 : 먼저 서면에 갑니다 .

아야카 : 여기에서 서면까지 어떻게 갑니까 ?

이수진 : 버스도 지하철도 갑니다 .
지금은 길이 막힙니다 . 지하철이 빠릅니다 .

아야카 : 서면에서 바다가 보입니까 ?

이수진 : 아뇨 , 서면에서 바다는 보이지 않습니다 .

아야카 : 언제 바다를 보러 갑니까 ?

이수진 : 지금은 안 갑니다 . 오후에 보러 갑니다 .

아야카 : 바다를 보러 어디에 갑니까 ?

이수진 : 해운대에 갑니다 .

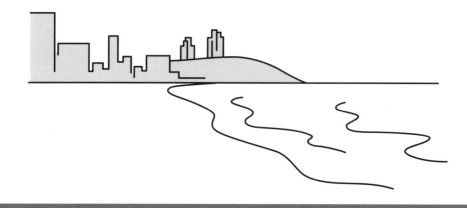

新出語彙 🔊 51

- 지금　今

- - 부터　〜から（助詞）
  » 時間の出発点

- 먼저　まず、先に

- 서면　西面
  » 釜山最大の繁華街で若者が集まるショッピング・グルメエリア

- - 에서　〜から（助詞）
  » 場所の出発点

- - 까지　〜まで（助詞）
  » 場所、時間の到着点

- 어떻게　どうやって
  » 方法を問う疑問詞

- 지하철　地下鉄

- 길　道

- 막히다　詰まる、通れない
  » 길이 막히다：道が混む、道路が混雑している

- 빠르다　速い

- 보이다　見える
  » 보다（見る）の自発形

- 보이지 않습니다.　見えません。

- 언제　いつ　（時間・時期を問う疑問詞）

- 안 갑니다.　行きません。

- 오후　午後

- 해운대　海雲台
  » 釜山にある、海水浴場が広がっている地域で観光エリアと居住エリアがある

発　音　※別冊『発音のルール』を参照してください。

- 어떻게 ［어떠케］
  » ※激音化

- 막힙니다 ［마킴니다］
  - » ※激音化
- 않습니다 ［안씀니다］
  - » ※「ㅎ」パッチムの発音、鼻音化

文型と解説

１．- 에서 - 까지：〜から　〜まで（場所・空間）
　　- 부터 - 까지：〜から　〜まで（時間）

> 場所の出発点：　- 에서　／　時間の出発点：　- 부터
>
> 到着点（場所も時間も）：　- 까지

例：　**서울**에서 **부산**까지　　ソウルから釜山まで
　　오늘부터 **모레**까지　　今日からあさってまで

２．안 / - 지 않습니다．（動詞や形容詞の否定文）

> 안　＋　（分かち書きをして）**動詞や形容詞＋ - ㅂ니다 / 습니다**
>
> **動詞や形容詞の語幹　＋　- 지 않습니다**

動詞や形容詞を否定文にする方法は２とおりあります。
①動詞や形容詞の前に「**안**」をつける。

例：　**저는 술을** 안 **마십니다．**　　私はお酒を飲みません。
　　이 김치는 안 **맵습니다．**　　このキムチは辛くありません。

※**注意１**　「名詞＋하다」の動詞を「안」をつけた否定文にする場合は名詞の部分と「하
　　　　　　다」の部分を切り離して間に「안」を入れます。
　　例：일（을）하다（働く）：일（을）안 합니다．○　　안 일합니다．×

②動詞や形容詞の語幹の後に「**- 지 않습니다**」をつける。

例：　**저는 술을 마시**지 않습니다．　　私はお酒を飲みません。
　　이 김치는 맵지 않습니다．　　このキムチは辛くありません。

※**注意２**　・「있다」の否定文は「안 있습니다 / 있지 않습니다」ではなく「없습니다」
　　　　　　を使います。
　　　　　　・形容詞の「재미있다（面白い）」の否定文も「재미없다」を使います。

1．場所または時間の「〜から〜まで」を入れて文を完成させなさい。

① 家<u>から</u>学校<u>まで</u>バス<u>で</u><u>行きます</u>。

　　→　집 ＿＿＿＿＿ 학교 ＿＿＿＿＿ 버스 ＿＿＿＿＿ ＿＿＿＿＿＿＿

② 朝<u>から</u>夕方<u>まで</u><u>勉強します</u>。

　　→　아침 ＿＿＿＿＿ 저녁 ＿＿＿＿＿ ＿＿＿＿＿＿＿

③ 午前<u>から</u>授業<u>が</u><u>あります</u>。　　＊授業：수업

　　→　오전 ＿＿＿＿＿ ＿＿＿＿＿ ＿＿＿＿＿＿＿

④ ここ<u>から</u><u>遠いです</u>。　　＊遠い：멀다（＊ㄹ語幹）

　　→　여기 ＿＿＿＿＿ ＿＿＿＿＿＿＿

⑤ 月曜日<u>から</u>金曜日<u>まで</u><u>働きます</u>。　　＊働く：일하다

　　→　월요일 ＿＿＿＿＿ 금요일 ＿＿＿＿＿ ＿＿＿＿＿＿＿

2．次の動詞や形容詞を否定文に変えなさい。

	안 - ㅂ / 습니다	- 지 않습니다
① 가다（行く）		
② 오다（来る）		
③ 마시다（飲む）		
④ 먹다（食べる）		
⑤ 사다（買う）		
⑥ 읽다（読む）		
⑦ 살다（住む、暮らす）＊ㄹ語幹		
⑧ 일하다（仕事する、働く）		
⑨ 운동하다（運動する）		
⑩ 크다（大きい）		

⑪ **작다** （小さい）		
⑫ **예쁘다** （かわいい）		
⑬ **멀다** （遠い） ＊ㄹ語幹		

３．次の各文を韓国語にしなさい。

① ここから六本木までどうやって行きますか？　＊六本木：롯폰기

→ _____

② バスから海が見えます。　＊バス：버스

→ _____

③ ここからは富士山が見えません。　＊富士山：후지산

→ _____

④ ショッピングしにどこへ行きますか？　＊ショッピングする：쇼핑하다

→ _____

４．音声を聞いて（　　）に韓国語を書きなさい。 🔊 52

① 전철이 （　　　　　　　　　）.

② （　　　　　　　） 스카이트리가 （　　　　　　　）?　＊스카이트리：スカイツリー

③ 이번 주는 （　　　　　）（　　　　　　　）.

④ （ ・　　　　　）（　　　　　）（　　　　　）（　　　　　）.

話す練習

次の質問に答えなさい。

① 家から海（山）が見えますか？　집에서 바다 （산） 이 / 가 보입니까？

② 今いるところから何が見えますか？　여기에서 무엇이 보입니까？

③ 学校（会社）までどうやっていきますか？　학교 （회사） 까지 어떻게 갑니까？

【語彙プラス】　　자연・기후　自然・天候

산	山	*설악산：雪嶽山	*한라산：漢拏山
바다	海	*해수욕장：海水浴場	*바닷가：海辺
강	川	*한강：漢江	*낙동강：洛東江
계곡	渓谷		
하늘	空	*푸른 하늘：青い空	
구름	雲	*구름이 끼다：雲がかかる	
비	雨	*비가 오다 / 비가 내리다：雨が降る	
소나기	にわか雨		
눈	雪	*눈이 오다 / 눈이내리다：　雪が降る	
눈보라	吹雪	*눈보라가 치다 / 눈보라가 몰아치다：吹雪が吹く	
바람	風	*바람이 불다：風が吹く	
회오리바람	つむじ風		
태풍	台風		

　*태풍이 오다：台風が接近する　　　*태풍이 지나가다：台風が過ぎ去る

천둥	雷	*천둥이 치다：雷が鳴る	
번개	稲妻	*번개가 치다：稲妻が走る	
장마	梅雨	*장마철：梅雨の時期	
맑다	晴れる、澄む	*오늘은 맑겠습니다.：今日は晴れるでしょう。	
개다	（雨や雪が上がって）晴れる		
그치다	止む	*비가 그치다：雨が止む	*눈이 그치다：雪が止む
흐리다	曇る		
기온이 높다	気温が高い	습도가 높다	湿度が高い
기온이 낮다	気温が低い	습도가 낮다	湿度が低い

취미가 뭐예요 ?
趣味は何ですか？

강민규 : 유미 씨 , 취미가 뭐예요 ?

유미　: 제 취미는 사진 찍기와 독서예요 .
　　　민규 씨는요 ?

강민규 : 저는 인터넷 게임이에요 . 주로 주말에 해요 .
　　　유미 씨는 언제 사진을 찍어요 ?

유미　: 주말에 북한산에 가요 . 자연을 좋아해요 .
　　　거기서 꽃을 찍어요 .

강민규 : 이것은 유미 씨 잡지예요 ?

유미　: 아뇨 , 그것은 제 잡지가 아니에요 .

- 취미　趣味

- 뭐　何
  - » ＊무엇の縮約形

- - 예요？（名詞について）〜ですか？

- 사진 찍기　直訳すると「写真撮影」ですが、趣味などで言う場合は、「趣味は写真です」
  　　　　　　というふうに「写真」と訳します。

- 독서　読書

- - 이에요 . / - 예요 .（名詞について）〜です。

- - 은요？/ - 는요？　〜は？

- 인터넷 게임　インターネットゲーム、オンラインゲーム

- 해요 .　します。

- 언제　いつ

- 사진　写真

- 찍다　撮る

- 북한산　北漢山
  - » ソウル市の北部と京畿道（경기도）の高陽市（고양 시）にまたがる山。白雲台（백운대：標高 836 メートル）をはじめ、総 3 つの峰が有名です。道峰山（도봉산）と合わせて北漢山国立公園に指定されています。漢江（한강）から北の方向に見えます。

- 자연　自然

- 거기서　そこで　　거기 + 에서
  - » ＊여기 + 에서　→　여기서　　저기 + 에서　→　저기서

- 꽃　花

- 잡지　雑誌

- - 이 / 가 아니에요 .　〜ではありません。〜じゃありません。

<table>
<tr><td>発 音</td><td>※別冊『発音のルール』を参照してください。</td></tr>
</table>

- 독서예요 [독써에요]
  - » ※濃音化
    ＊「예요」と書くが発音は「에요」（第 5 課の 発 音 p.75 参照）

- 북한산에 [부칸사네]
  » ※激音化と連音化
- 꽃을 [꼬츨]
  » ※連音化

文型と解説

1. 「요体」: - 아요 . / - 어요 . ～です。～ます。

> 動詞・形容詞の語幹の最後の母音が陽母音：　- 아요 / - 아요 ?
> 動詞・形容詞の語幹の最後の母音が陰母音：　- 어요 / - 어요 ?

> ※陽母音と陰母音
>   用言の活用の際に重要なポイントとして語幹の最後の母音を陽母音と陰母音に分けます。p.24 参照
> ① 陽母音　語幹の最後の母音がㅏかㅗ
> ② 陰母音　語幹の最後の母音がㅏ , ㅗ 以外

「- 아요 / - 어요」は、「4 課」で学習した「- ㅂ니다 /- 습니다」（～ます・～です）より親しみのある打ち解けた、やわらかい表現です。「요体」といいます。日常会話でよく使われれます。また、疑問文、勧誘文、丁寧な命令文としても使われます。

> ① 語幹がㅏかㅗ（陽母音）の場合　＋　아요　/　疑問文は　아요 ?

語尾のイントネーションを上げて発音すると疑問文になります。

例：　**살다**の語幹　**살** ＋ 아요 → 살아요　　住みます。（住んでいます）
　　　높다の語幹　**높** ＋ 아요 → 높아요　　高いです。（高さ）

ただし、語幹にパッチムがなく、ㅏ＋아요の場合、아は省略されます。

例：　**가다**の語幹　**가** ＋ 아요 → 가요　　行きます。
　　　짜다の語幹　**짜** ＋ 아요 → 짜요　　塩辛いです。

また、語幹にパッチムがなく、ㅗ＋아요の場合、와のように縮約されます。

例：　**오다**の語幹　**오** ＋ 아요 → 와요　　来ます。

② 　語幹が ㅏ , ㅗ 以外（陰母音）の場合　＋　어요　/　疑問文は　어요？

語尾のイントネーションを上げて発音すると疑問文になります。

例：　**먹다**の語幹　**먹**　＋　어요　→　먹어요　　食べます。
　　　길다の語幹　**길**　＋　어요　→　길어요　　長いです。

ただし、語幹にパッチムがなく、ㅓ＋어요の場合、어は省略されます。

例：　**서다**の語幹　**서**　＋　어요　→　서요　　立ちます。

また、語幹にパッチムがなく、ㅜ＋어요の場合、워のように縮約されます。

例：　**배우다**の語幹　**배우**　＋　**어요**　→　배워요　　習います。

さらに、語幹にパッチムがなく、ㅣ＋어요は、ㅕに縮約されます。

例：　**마시다**の語幹　**마시**　＋　어요　→　마셔요　　飲みます。

③ 　縮約形のその他（ㅚ , ㅐ , ㅔ）요　/　疑問文は（ㅚ , ㅐ , ㅔ）요？

語尾のイントネーションを上げて発音すると疑問文になります。

例：　**되다**　の語幹　　　**되**　＋　어요　→　돼요　　　なります。
　　　보내다の語幹　　　**보내**　＋　어요　→　보내요　　送ります。
　　　세다　の語幹　　　**세**　＋　어요　→　세요　　　数えます。

④ 　例外）語幹が하は　　해요　/　疑問文は　해요？

語尾のイントネーションを上げて発音すると疑問文になります。

例：　**운동하다**　→　운동해요　　運動します。

※動詞・形容詞ともに「- **아요** / - **어요**」の「**요体**」に活用する際は、変則活用するもの
　があります。「ㅇ語幹」、「ㄷ変則」、「ㅂ変則」、「ㅅ変則」、「ㅎ変則」、「ㄹ変則」
　巻末付録の「変則的な活用」を参照してください。

2．否定形の「요体」: - 지 않아요 .　～ません。～くありません。
　　　　　　　　 - 지 않아요 ?　～ませんか？～くありませんか？

> 動詞・形容詞の語幹　＋　- 지 않아요　/　- 지 않아요 ?

　7課で学習した否定形の「- 지 않습니다」の「요体」です。基本形は「않다」です。語尾のイントネーションを上げて発音すると疑問文になります。
　もう一つの否定形「안 -」（7課で学習）も復習しておきましょう。

例：　　**내일도 학교에 가요 ?**　　　　明日も学校へ行きますか？
　　　- **아뇨 , 내일은 가지 않아요 .**　いいえ、明日は行きません。
　　　- **아뇨 , 내일은 안 가요 .**　　　いいえ、明日は行きません。

　　　오이김치는 맵지 않아요 .　　　オイキムチは辛くありません。
　　　잡채는 안 매워요 .　　　　　　チャプチェは辛くありません。

3．- 이에요 ./ - 예요 .　～です。　- 이에요 ?/ - 예요 ?　～ですか？

> 名詞　パッチム有　＋　이에요　/　이에요 ?
> 名詞　パッチム無　＋　예요　　/　예요 ?

「- 입니다」（1課）の「요体」です。基本形は「이다（指定詞）」です。語尾のイントネーションを上げて発音すると疑問文になります。
＊「- 예요」と書きますが、[에요] と発音します。（第5課 **発 音** p.75参照）

例：　　**그건 뭐**예요 ?　　それは何ですか？
　　　　이건 책이에요 .　　これは本です。

＊縮約形：**이것은 → 이건**　これは　　**그것은 → 그건**　それは
　　　　　저것은 → 저건　あれは　　**무엇　→ 뭐**　　何

4．- 이 / 가 아니에요 .　～じゃありません。～ではありません。

> 名詞　パッチム有　＋　이 아니에요　/　이 아니에요 ?
> 名詞　パッチム無　＋　가 아니에요　/　가 아니에요 ?

「- 이 / 가 아닙니다」（2課）の「요体」です。基本形は「아니다」です。語尾のイントネーションを上げて発音すると疑問文になります。

※「아니에요」のほうが日常会話でよりよく使われます。女性がよく使います。

例：　제 책이 아니에요.　　　　私の本じゃありません。
　　　유미 씨 구두가 아니에요?　ゆみさんの靴じゃありませんか？
　　　- 네, 제 구두가 아니에요.　はい、私の靴じゃありません。

文型練習

1．次の動詞・形容詞を「요体」に変えなさい。

動詞・形容詞	語幹	- 아요 / - 어요
① 사다（買う）		
② 보다（見る）		
③ 가르치다（教える）		
④ 비우다（空ける）		
⑤ 만들다（作る）		
⑥ 읽다（読む）		
⑦ 뵈다（お目にかかる）＊縮約		
⑧ 내다（出す）＊縮約		
⑨ 일하다（仕事する、働く）		
⑩ 사랑하다（愛する）		
⑪ 많다（多い）		
⑫ 멀다（遠い）		
⑬ 비싸다（価格が高い）		
⑭ 맵다（辛い）＊ㅂ変則		
⑮ 예쁘다（きれいだ）＊으変則		
⑯ 듣다（聞く）＊ㄷ変則		

2．次の動詞・形容詞を否定形に変えなさい。

動詞・形容詞	- 지 않아요	안 - （요体）
① 먹다 （食べる）		
② 쓰다 （書く、使う）		
③ 마시다 （飲む）		
④ 일하다 （働く、仕事する）		
⑤ 살다 （住む、暮らす）		
⑥ 세다 （数える、強い）		
⑦ 춥다 （寒い）＊ㅂ変則		
⑧ 멀다 （遠い）		
⑨ 크다 （大きい）＊으変則		
⑩ 조용하다 （静かだ）		

3．次の名詞を「- 이에요 / - 예요」と「- 이 / 가 아니에요」にしなさい。

動詞	- 이에요 / - 예요	- 이 / 가 아니에요
① 학생 （学生）		
② 공무원 （公務員）		
③ 친구 （友達）		
④ 가방 （かばん）		
⑤ 교과서 （教科書）		
⑥ 지하철역 （地下鉄の駅）		
⑦ 일본 사람 （日本人）		
⑧ 제 모자 （私の帽子）		

4．次の各文を韓国語にしなさい。「요体」にしなさい。

① 私の趣味は映画鑑賞です。アクション映画が好きです。
＊映画鑑賞：영화 감상　　アクション映画：액션 영화

→ ＿＿＿＿＿＿＿＿＿＿＿＿＿＿＿＿＿＿＿＿＿＿＿＿

② 家族はアメリカに住んでいます。私は一人でソウルに住んでいます。

＊一人で：혼자서

→ ＿＿＿＿＿＿＿＿＿＿＿＿＿＿＿＿＿＿＿＿＿＿＿＿

③ 来年、フランスへ行きます。なので、フランス語を習います。

＊フランス語：프랑스어　　なので：그래서　　習う：배우다

→ ＿＿＿＿＿＿＿＿＿＿＿＿＿＿＿＿＿＿＿＿＿＿＿＿

④ 家の外は寒いです。しかし、家の中は寒くないです。

＊家の外：집 밖　　寒い：춥다　　しかし：하지만　　家の中：집 안

→ ＿＿＿＿＿＿＿＿＿＿＿＿＿＿＿＿＿＿＿＿＿＿＿＿

⑤ 私は日本人です。友達は日本人ではありません。中国人です。

→ ＿＿＿＿＿＿＿＿＿＿＿＿＿＿＿＿＿＿＿＿＿＿＿＿

＿＿＿＿＿＿＿＿＿＿＿＿＿＿＿＿＿＿＿＿＿＿＿＿

5．音声を聞いて（　　）に韓国語を書きなさい。🔊 55

① 저는 주말에 （　　　　　）（　　　　　）.

② 내일은 （　　　　　）（　　　　）（　　　　）.

③ 이 음식은 （　　　　）? （　　　　）（　　　　　）?

④ （　　　　）（　　　　　）（　　　　）.

話す練習

隣の人、または先生と次の質問をしたり答えたりしましょう。

① 趣味は何ですか？

② 週末は何をしますか？

③ 毎日勉強しますか？（働きますか？　運動しますか？　など）

음악 감상	音楽鑑賞	독서	読書
클래식	クラシック	소설	小説
재즈	ジャズ	시	詩
록	ロック	수필	エッセイ、随筆
발라드	バラード	만화	漫画
힙합	ヒップホップ		
팝송	ポップソング		
가요	歌謡曲		
K- 팝	K ポップ		
영화 감상	映画鑑賞		
드라마	ドラマ		
코미디	コメディ		
멜로	恋愛		
액션	アクション		
공포	ホラー		
추리	ミステリー		
공상 과학	ＳＦ		
애니메이션	アニメーション		
노래 부르기	歌を歌うこと		
게임	ゲーム		
외국어 공부	外国語の勉強		
요리	料理		
과자 만들기	お菓子作り		
운동	スポーツ、運動		

야구 (를) 하다 .	野球をする。
축구 (를) 하다 .	サッカーをする。
농구 (를) 하다 .	バスケットボールをする。
배구 (를) 하다 .	バレーボールをする。
수영 (을) 하다 .	水泳をする。
태권도 (를) 하다 .	テコンドーをする。
씨름 (을) 하다 .	韓国の相撲をする。
탁구 (를) 치다 .	卓球をする。
테니스 (를) 치다 .	テニスをする。
골프 (를) 치다 .	ゴルフをする。
스케이트 (를) 타다 .	スケートをする。
스키 (를) 타다 .	スキーをする。
낚시 (를) 하다 .	釣りをする。
바둑 (을) 두다 .	囲碁を打つ。
장기 (를) 두다 .	将棋を指す。
사진 (을) 찍다 .	写真を撮る。
요가 (를) 하다 .	ヨガをする。
등산 (을) 하다 .	登山をする。

※趣味をいうとき、야구를 하다のように動詞の形をしているものは、名詞の部分야구だけをとっていいます。 例) 제 취미는 야구예요 .
または、動詞の하다 , 치다 , 타다 , 두다 , 찍다の**다**をとって、 - 기をつけます。
例) 하기 , 치기 , 타기 , 두기 , 찍기 など

가족을 만나고 싶어요 .

家族に会いたいです。

강민규 : 하야토 씨는 언제부터 여름 휴가예요 ?

하야토 : 다음 주 수요일부터 다다음 주 일요일까지
예요 .

강민규 : 그래요 ? 휴가 때 뭐 해요 ?

하야토 : 고향에 가요 . 가족을 만나고 싶어요 .
그리고 친구들도 저를 만나고 싶어해요 .

강민규 : 그렇겠네요 .

하야토 : 민규 씨는 휴가 때 어디에 가요 ?

강민규 : 아무 데도 안 가요 . 집에서 쉬어요 .

하야토 : 그럼 저와 함께 일본에 가요 .

강민규 : 고마워요 . 하지만 그냥 집에서 쉬겠어요 .

新出語彙 57

- 여름　夏

【季節　계절、四季　사계】

春	夏	秋	冬	春夏秋冬
봄	여름	가을	겨울	춘하추동

- 휴가　休暇

- 다음 주　来週　　　• 다다음 주　再来週
  » 【曜日】は4課参照

- 때　名詞＋때　〜のとき、〜の際　　例）휴가 때　休暇の時

- 뭐　何、何を

- 고향　故郷、ふるさと

- 가족　家族

- - 을 / 를 만나다　〜に会う

- - 고 싶다．〜したい。/ - 고 싶어하다．〜したがっている。

- 친구들　友達たち

- 그렇겠네요．そうでしょうね。

- 아무 데도　どこへも、どこにも、どこも「아무＋데도」分かち書きをする。

- 집　家

- 쉬다　休む

- 그럼　それなら、では　「그러면」の縮約形

- - 와 / 과 함께　〜と一緒に
  » 6課「- 와 / 과 같이」と同じ

- 가요．行きましょう。（勧誘）

- 고마워요．ありがとうございます。

- 그냥　ただ、ただ単に

- 쉬겠어요．休みます。休むつもりです。

- -

- - 에게　（人）〜に（助詞）

発　音　※別冊『発音のルール』を参照してください。

- 싶어요 ［시퍼요］　▪ 집에서 ［지베서］
  - 》　※連音化
- 그렇겠네요 ［그러켄네요］
  - 》　※激音化と鼻音化

文型と解説

1 . - 고 싶다 .　〜したい。（願望、希望）

語幹　＋　고 싶다

「〜したい」という願望や希望は、用言の語幹に「- 고 **싶다**」をつけて表します。主語が 1 人称の場合は叙述文で、2 人称の場合は疑問文で使います。主語が 3 人称の場合は「- 고 **싶다**」は使えません。
- - ㅂ니다体は「- 고 **싶습니다**」、- 요体は「- 고 **싶어요**」、
- 疑問形は「- 고 **싶습니까 ? - 고 싶어요 ?**」になります。
- 否定表現は「- 고 **싶지 않아요**（〜したくないです）」です。

例：　**BTS 콘서트에 가고 싶어요 .**　　BTS のコンサートへ行きたいです。
　　무엇을 먹고 싶어요 ?　　何が食べたいですか？
　　한국말을 배우고 싶습니다 .　　韓国語を習いたいです。
　　그 사람을 만나고 싶지 않습니다 .　　あの人に会いたくないです。

2 . - 고 싶어하다 .　〜したがっている。（3 人称の願望、希望）

語幹　＋　고 싶어하다

3 人称の希望を表す場合は「- 고 **싶어하다**」を使いましょう。
- - ㅂ니다体は「- 고 **싶어합니다**」、- 요体は「- 고 **싶어해요**」
- 疑問形は「- 고 **싶어합니까 ? - 고 싶어해요 ?**」になります。
- 否定表現は「- 고 **싶어하지 않아요**（〜したがらないです）」です。

例：　**친구는 한국에 가고 싶어해요 .**　友達は韓国へ行きたがっています。
　　누가 컴퓨터를 갖고 싶어해요 ?　誰がパソコンを欲しがっていますか？
　　다나카 씨는 한국 회사에 취직하고 싶어해요 .
　　　田中さんは韓国の会社に就職したがっています。　＊취직하다 : 就職する

유미 씨는 돈을 빌리고 싶어하지 않아요 .

ゆみさんはお金を借りたがっていません。　＊돈을 빌리다：お金を借りる

3． - 들　～たち（複数形）

名詞・人称代名詞（複数）　＋　들

「 - 들」は、一部の名詞につけてそれが複数であることを表します。また、すでに複数を表している人称代名詞「우리 （わたしたち）」「저희 （わたくしども）」「너희 （あなたたち）」に「 - 들」をつけて、「우리들 （わたしたち）」「저희들 （わたくしども）」「너희들 （あなたたち）」の形でも使います。

例：　**손님들이 많이 와요 .**　　　　　お客さん（たち）がたくさん来ます。

아이들이 공원에서 놀아요 .　　子どもたちが公園で遊んでいます。

이 공장에서 생산하는 제품들은 모두 좋아요 .

この工場で生産する製品（たち）は全部よいです。

우리들이 가겠어요 .　　　　　　わたしたちが行きます。

ただし、数詞と助数詞（10 課・11 課で学習予定）には使えません。

4． - 겠　意志・未来・推量・婉曲

語幹　＋　겠

意志・未来・推量・婉曲を表す表現は、用言の語幹に「 - 겠」をつけます。 - ㅂ니다体は「 - 겠습니다」、 - 요体は「 - 겠어요」になり、疑問形は「 - 겠습니까？ - 겠어요？」になります。

例：　**집에서 영화를 보겠어요 .**　　　家で映画を見ます。（意志）

내일은 쉬겠습니다 .　　　　　明日は休むつもりです。（意志・未来）

이 정도면 충분하겠어요 .　　これくらいなら十分でしょう。（推量）

한국말로 해도 좋겠습니까 ?　　韓国語で話してもいいですか。（婉曲）

＊「 - 아 / 어도　～ても」は未学習文型です。（次のレベルで学ぶ）

네 , 알겠습니다 .　　　　　　　はい、わかりました。

＊**알다**：知る、理解する

＊相手の言っていたことや事実を理解しているという意味の婉曲表現

1. 次の文を「- 고 싶어요」、否定文は「- 고 싶지 않아요」の文にしなさい。

　① 이 영화를 보다 .

　　→ _____

　② 불고기를 먹다 .　　＊불고기 : プルコギ

　　→ _____

　③ 그 사람과 술을 마시지 않다 .　　＊술을 마시지 않다 : お酒を飲まない

　　→ _____

　④ 영희 씨 프랑스에 갑니까 ?

　　→ _____

2. 次の質問に（　　）の語句を使って適切な表現で答えなさい。

　① 지금 누구를 만나고 싶어요 ? (어머니)　　＊누구 : 誰

　　→ _____

　② 주말에 무엇을 하고 싶어요 ? (집에서 쉬다)　　＊집에서 쉬다 : 家で休む

　　→ _____

　③ 한국 친구에게 어디를 안내하고 싶어요 ?　　＊안내하다 : 案内する

　　→ _____

3. 次の文を「- 고 싶어해요」、否定文は「- 고 싶어하지 않아요」の文にしなさい。

　① 동생은 자전거를 갖다 .　　＊자전거 : 自転車

　　→ _____

　② 유미 씨는 여행을 가다 .

　　→ _____

③ 친구는 회사에 가지 않다 .   ＊회사에 가지 않다：会社に行かない

　　　→ _____

④ 아이가 놀이공원에 갑니까 ?   ＊놀이공원：遊園地

　　　→ _____

４．次の文を「- 겠어요」の意志文にしなさい。

　① 今日は私がキムチチゲを作ります。   ＊キムチチゲ：김치찌개

　　　→ _____

　② 土曜日は家で本を読みます。

　　　→ _____

５．音声を聞いて（　　）に韓国語を書きなさい。 🔊 58

　① 언제부터 (　　　　　　) (　　　　　　　　)?

　② 다음 주 (　　　　　) 부터 (　　　　　) 까지 쉬어요 .

　③ 연예인을 (　　　　　) (　　　　　).   ＊연예인：芸能人

　④ (　　　　　) (　　　　　) (　　　　　　).

書く練習

今週末にすることを「- 겠」を使った意志文にして 3 つ以上書きなさい。

　例：　**이번 주말에 청소를 하겠어요 .**　今週末に掃除をします。
　　　　　　　　　　　　　　　　＊청소를 하다：掃除をする

　① _____

　② _____

　③ _____

※ 次の質問に答えなさい。

① 今日は何曜日ですか？　오늘은 무슨 요일이에요 ?

② 今、誰に一番会いたいですか？　지금 누구를 가장 만나고 싶어요 ?

＊一番、最も：가장

③ 韓国へ行きます。何をしますか？　何がしたいですか？
한국에 갑니다 . 뭐 하겠어요 ? 뭐 하고 싶어요 ?

※ 隣の人と休日の予定を聞いたり、答えたりしましょう。

「- 겠」と「- 고 싶다」を使いましょう。　＊休日：휴일

【語彙プラス】　가족　家族

아버지	父	어머니	母
아들	息子	며느리	嫁
딸	娘	사위	娘婿
손자	孫	손녀	孫娘

〈父方〉

할아버지	祖父	할머니	祖母
큰아버지	伯父	큰어머니	伯父の配偶者
작은아버지	叔父	작은어머니	叔父の配偶者
고모	父の姉妹	고모부	父の姉妹の配偶者

〈母方〉

외할아버지	祖父	외할머니	祖母
외삼촌	母の男兄弟	외숙모	母の男兄弟の配偶者
이모	母の姉妹	이모부	母の姉妹の配偶者

わたし：〈女性〉　　　　　　　　　　　〈男性〉

오빠	兄	형	兄
언니	姉	누나	姉
남편	夫、主人	아내	妻
남동생	弟	여동생	妹
사촌	いとこ	조카	甥・姪

시댁	（妻からみた）夫の実家	처가	（夫からみた）妻の実家
친정	（妻からみた）実家	본가	（夫からみた）実家
장모	妻の母	장인	妻の父
시어머니	姑	시아버지	舅

생일이 언제예요 ?
誕生日はいつですか ?

会 話 59

〈시계 가게에서〉

유미　　: 수진 씨 , 이 시계 어때요 ?

이수진 : 아 , 멋있어요 . 누구 시계를 사요 ?

유미　　: 남자 친구 생일 선물이에요 .
　　　　(점원에게) 저기요 . 이 시계 얼마예요 ?

점원　　: 25 만 원이에요 .

유미　　: 이거 주세요 .

〈커피숍에서〉

이수진 : 유미 씨는 생일이 언제예요 ?

유미　　: 6 월 30 일이에요 . 수진 씨는요 ?

이수진 : 저는 다음 주 목요일이에요 . 9 월 16 일 .

유미　　: 그래요 ? 우리 파티할까요 ?

이수진 : 네 , 좋아요 . 합시다 .

- 시계　時計

- 얼마예요 ?　いくらですか？

- 가게　店、お店

- 어때요 ?　どうですか？

- 멋있다　かっこいい

- 사다　買う

- 생일　誕生日

- 선물　プレゼント

- 점원　店員

- 저기요 .　（お店などで店員を呼ぶときに）すみません。

- 25 만　25 万

- 원　ウォン
  » ＊韓国の通貨単位

- 이거　これ

- 주세요 .　ください。
  » ＊名詞＋ください

- 커피숍　コーヒーショップ

- 언제　いつ

- 6 월 30 일　6 月 30 日

- - 는요 ?　〜は？

- 9 월 16 일　9 月 16 日

- 파티할까요 ?　パーティーしましょうか？

- 합시다 .　しましょう。

발　음　※別冊『発音のルール』を参照してください。

- 시계 [시계 / 시게]
  » 標準発音法 第 5 項によると「예 , 례」以外の「ㅖ」は [ㅖ]、[ㅔ] のどちらでも発音できます。

例　은혜（恩恵）［은혜 / 은헤］

- 얼마예요？［얼마에요］
  » ＊「예요」の発音は［에요］第 5 課 発音 参照

- 6 월［유월］
  » 特別なので覚えましょう。

- 30 일 삼십 일［삼시빌］
  » ※連音化

- 16 일 십육 일［심뉴길］
  » 発音に注意

文型と解説

1．漢数詞 🔊61

1	2	3	4	5	6	7	8	9	10
일	이	삼	사	오	육	칠	팔	구	십
11	12	13	14	15	16	17	18	19	20
십일	십이	십삼	십사	십오	＊십육	십칠	십팔	십구	이십
30	40	50	60	70	80	90	100	千	万
삼십	사십	오십	육십	칠십	팔십	구십	백	천	만

　韓国語の数詞は 2 種類あります。漢字に由来する漢数詞と、「一つ、二つ、三つ……」
にあたる固有数詞です。

　漢数詞は、日にち、値段、番号などに使われます。発音は日本語の「いち、に、さん
……」の発音と似ています。また、日本語の漢数詞と同じように、11 からは「십 十」と「일
一」を組み合わせて 99 まで作ります。

　百（백）、千（천）、万（만）などそれぞれの桁の単位も同じく組み合わせます。

※ハングルで数字を書く場合は、万単位で分かち書きをします。
　また、数字の部分と助数詞（単位）は分かち書きをします。
　　例：　5,729　→　오＋천＋칠＋백＋이＋십＋구
　　　　分かち書き：435,700 원　→　사십삼만 오천칠백 원

※数字を読むときも、連音化、濃音化など、発音の変化が起こります。
　　例：　15　→　십오［시보］連音化　　60　→　육십［육씹］濃音化

※「16」から「6」がつく場合は発音が変わります。
　　例：　16　→　십육［심뉵］　　　　26　→　이십육［이심뉵］……

※「０」の発音は２通りあります。　「공 空」、「영 零」
電話番号など、番号を言うときにはよく「공 空」を使います。
例：　0025　→　**공공이오**

２．月と日の言い方

【月】 🔊 62

1月	2月	3月	4月	5月	6月
일월	**이월**	**삼월**	**사월**	**오월**	* 유월
7月	8月	9月	10月	11月	12月
칠월	**팔월**	**구월**	* 시월	**십일월**	**십이월**

※　何月：**몇 월**［**며뒬**］　　※６月と10月の表記と読み方に注意！

【日】 🔊 63

1日	2日	3日	4日	5日	6日
일 일	**이 일**	**삼 일**	**사 일**	**오 일**	**육 일**
7日	8日	9日	10日	11日	12日
칠 일	**팔 일**	**구 일**	**십 일**	**십일 일**	**십이 일**
13日	14日	15日	16日	17日	18日
십삼 일	**십사 일**	**십오 일**	**십육 일**	**십칠 일**	**십팔 일**
19日	20日	21日	22日	23日	24日
십구 일	**이십 일**	**이십일 일**	**이십이 일**	**이십삼 일**	**이십사 일**
25日	26日	27日	28日	29日	30日
이십오 일	**이십육 일**	**이십칠 일**	**이십팔 일**	**이십구 일**	**삼십 일**
31日	※　何日：**며칠**（表記と読み方に注意！）				
삼십일 일					

※発音に注意！　◉　1 日［이릴］　　　6 日［유길］　　　11 일［시비릴］
　　　　　　　　◉　13 일［십싸밀］　19 일［십꾸일］
　　　　　　　　◉　16 일［심뉴길］　26 일［이심뉴길］

※数詞と単位の分かち書き：韓国国立国語院 韓国語の語文規定　43項の띄어쓰기によると、原則、単位は数詞と分かち書きをしますが、年月日や順番を表す場合とアラビア数字は分かち書きをしなくてもよく、許容範囲です。

例：　1 月　　　　　　　일 월　　　○　　　일월　　○（許容）
　　　3 学年（3 年生）　삼 학년　　○　　　삼학년　○（許容）
　　　3 月 15 日　　　　3 월 15 일　○

3．漢数詞を使う助数詞（単位）　＊日常でよく使われる助数詞です。

「いくつ」にあたる疑問詞は「몇 [**면**]」です。助数詞と一緒に使います。

① 年：〜年（년）　**몇 년이에요？**（何年ですか？）
　2023 年：**2023 년 ＝ 이천이십삼 년**

② 値段：ウォン、円、ドルなど（원 , 엔 , 달러 等）
　얼마예요？（いくらですか？）
　50,000 ウォン：**50,000 원 ＝ 오만 원**

③ 番号：〜番（번）　**몇 번이에요？**（何番ですか？）
　3 番：**3 번　　삼 번**
　전화번호가 몇 번이에요？（電話番号は何番ですか？）
　017-4189-3265 번 공일칠 사일팔구 삼이육오 번
　＊「-」は「의」と書いて [에] と発音します。
　　공일칠의 [에] 사일팔구의 [에] 삼이육오 번
　＊最近は「의 [에]」はあまり使われなく、数字だけをいう人が多い

④ 階数：〜階（층）　**몇 층입니까？**（何階ですか？）
　4 階：**4 층 ＝ 사 층**

⑤ 時間の〜分（분）、〜秒（초）
　5 分：**5 분 ＝ 오 분**　　　10 秒：**10 초 ＝ 십 초**
　＊30 分の言い方として「반：半」もよく使われます。
　＊「〜分前」は「- 분 전」と、「〜分後」は「- 분 후」といいます。
　＊時間の言い方で「〜時」は 11 課で学ぶ固有数詞を使います。

⑥ 料理の量：〜人前、〜人分（인분）
　プルコギ 4 人前：**불고기 4 인분 ＝ 사 인분**

⑦ 外来語の助数詞（単位）は基本的に漢数詞を使います。

　　メートル：미터　　　キロ（キログラム）：킬로　　　グラム：그램
　　100 メートル：　　　　**100 미터 ＝ 백 미터**
　　10 キロ（キログラム）：**10 킬로　＝ 십 킬로（킬로그램）**
　　50 グラム：　　　　　　**50 그램　＝ 오십 그램**

４．-（으）ㄹ까요？　〜しましょうか？　【勧誘】

```
語幹にパッチム有　＋　을까요？
語幹にパッチム無または「ㄹ」語幹　＋　ㄹ까요？
```

　　勧誘・提案、同意を求めるときに使われる表現です。または、主語が一人称（自分）の場合、自分の言動に対する相手の意志を尋ねるときにも使われます。
　　動詞の語幹にパッチムがあると「- 을까요？」を、語幹にパッチムがないと「- ㄹ까요？」となります。ただし、語幹が「ㄹ」パッチムのときは「ㄹ」パッチムは脱落し、「- ㄹ까요？」になります。※付録：変則的な活用を参照
　　語尾のイントネーションを上げて発音します。

　　例：　**먹다**　：같이 저녁을 **먹을까요?**　一緒に晩ごはんを食べましょうか？
　　　　　보다　：내일 영화를 **볼까요?**　明日映画を見ましょうか？
　　　　　만들다：음식은 무엇을 **만들까요?**　料理は何を作りましょうか？

５．-（으）ㅂ시다．　〜しましょう。　【勧誘】

```
動詞の語幹にパッチム有　＋　읍시다
動詞の語幹にパッチム無または「ㄹ」語幹　＋　ㅂ시다
```

　　相手といっしょに動作・行動をするように誘うときに使われます。語幹のパッチムの有無によって「- 읍시다」と「- ㅂ시다」に活用します。また、語幹が「ㄹ」パッチムのときは「ㄹ」パッチムは脱落し、「- ㅂ시다」になります。失礼になるので目上の人には使わないように注意しましょう。
　　「-（으）ㄹ까요？」と誘われたときの肯定の返事としても使います。親しい間柄では「- 아요 / 어요」も使われます。※付録：変則的な活用参照

　　例：　**하다**　：생일 파티를 **합시다.**　誕生日パーティーをしましょう。
　　　　　만들다：그럼 케이크를 **만듭시다.**　では、ケーキを作りましょう。
　　　　　놀러 가다：주말에 놀러 **가요.**　週末に遊びに行きましょう。

1．次の数字をハングルにしなさい。（漢数詞）

　　① 34　　　　　 →　_____　　　② 159　 →　_____

　　③ 272　　　　 →　_____

　　④ 4,863　　　 →　_____

　　⑤ 75,981　　 →　_____

　　⑥ 189,500　 →　_____

　　⑦ 6,940,700 →　_____

2．次の日にちをハングルにしなさい。（漢数詞）

　　① 1 月 1 日　　 →　_____

　　② 2 月 14 日　 →　_____

　　③ 3 月 31 日　 →　_____

　　④ 10 月 16 日 →　_____

　　⑤ 6 月 19 日　 →　_____

　　⑥ 12 月 25 日 →　_____

3．次の数字をハングルにしなさい。（漢数詞）

　　① 8 층　　　　 →　_____ 층　　　② 729 번　 →　_____ 번

　　③ 25 미터　　 →　_____ 미터　　④ 47 분　　 →　_____ 분

　　⑤ 7,590 원　 →　_____ 원

　　⑥ 今年は何年ですか？ →　_____ 년？

　　⑦ 090-7325-9014　　 →　_____ 의 _____ 의 _____

4．次の文を「- (으) ㄹ까요?」の文にしなさい。

① 같이 영화를 보다.　　　　　→ _____

② 여기에서 쉬다. (쉬다 : 休む) → _____

③ 무엇을 먹다.　　　　　　　→ _____

④ 서울에서 살다. (살다 : 住む) → _____

⑤ 전화번호를 알려주다. (알려주다 : 知らせる・教える)

　　→ _____

5．次の文を「- (으) ㅂ시다」の文にしなさい。

① 식사하다. (식사하다 : 食事する) → _____

② 청소하다.　　　　　　　　　→ _____

③ 같이 케이크를 만들다.　　　　→ _____

④ 노래를 듣다.　　　　　　　　→ _____

6．例のように「名詞＋주세요」の文にしなさい。

例：　이거 주세요.　これください。

① 물 （お水）　　　　　　　→ _____

② 냉면하고 만두 （冷麺と餃子） → _____

③ 연락 （連絡）　　　　　　→ _____

④ 저거 （あれ）　　　　　　→ _____

7．次の各文を韓国語にしなさい。

① 誕生日はいつですか？　　　→ _____

② このかばん、いくらですか？　→ _____

③ 一緒に韓国へ行きましょうか？ → _____

④ コーヒーください。　　　　→ _____

⑤ パーティーしましょう。　　→ _____

8．音声を聞いて（　　）に韓国語を書きなさい。 🔊 64
　　数字もハングルで書きなさい。

① 이 치마 (　　　　　　　)?　　＊치마：スカート

② 버스 요금이 (　　　　　　　　)?　　＊버스 요금：バス料金（バス運賃）

③ 수미 씨는 (　　　　) (　　　　　　) (　　　　　　)? .

④ 제 전화번호는 (　　　　　) (　　　　　) (　　　　　) 예요 .

⑤ 유미 씨 생일은 (　　　　) (　　　　　) (　　　　) 이에요 .

⑥ 주말에 놀이공원에 (　　　　) (　　　　　). ＊놀이공원：遊園地

読む練習

次の文を読んで質問に答えなさい。

> 오늘은 6월 17일 금요일이에요 . 오늘은 학교를 쉬어요 . 하지만 내일은 학교에 가요 .
> 교실은 6 층에 있어요 . 화장실은 교실 아래 층에 있어요 .

① 내일은 몇 월 며칠이에요 ? _____

② 내일은 무슨 요일이에요 ? _____

③ 화장실은 몇 층에 있어요 ? _____

１．次の（　　）に言葉を入れて対話文を完成させなさい。

| 가 : （　　A　　）은 / 는 얼마예요 ? |
| 나 : （　　B　　）원이에요 . |
| 가 : （　　C　　）주세요 . |

① A　원피스
　B　48,000 원
　C　이거

② A　이 반지
　B　283,000 원
　C　이 반지

③ A　국어사전
　B　24,500 원
　C　그거

| 가 : （　　A　　）은 / 는 얼마예요 ? |
| 나 : （　　B　　）원 / 엔이에요 . |

④ A　지하철 요금
　B　1,250 원
　＊요금 : 料金

⑤ A　입장료
　B　4,800 엔
　＊입장료 : 入場料

⑥ A　정기권 요금
　B　17,530 엔
　＊정기권 : 定期券

２．隣の人、または先生と質問したり答えたりしましょう。

（　　A　　）이 / 가 몇 월 며칠이에요 ?

（　　A　　）이 / 가 언제예요 ?

（　　A　　）이 / 가 몇 번 / 층이에요 ?

（　　A　　）은 / 는 얼마예요 ?

① 오늘
② 생일
③ 전화번호
④ 교실
⑤ 교과서
⑥ 집까지 전철 요금

３．「- (으) ㄹ까요 ?」を使って隣の人、または先生を誘ってみましょう。

受け入れる：　네 , - (으) ㅂ시다 . / 네 , 좋아요 . / - (으) ㅂ시다
断る　　　：　미안해요 .

① 같이 한국말을 공부하다 .

② 일요일에 수족관에 가다 .　　（수족관 : 水族館）

③ 영화를 보러 가다 / 무엇을 보다 .

第**11**課　치과는 몇 시까지예요？
歯医者は何時までですか？

会 話　🔊 65

하야토 : 근처에 치과가 있어요 ?

이수진 : 네 , 있어요 . 왜요 ?

하야토 : 어제부터 이가 아파요 . 사랑니예요 .

이수진 : 아프겠어요 . 저기 약국 오른쪽에 있어요 .
1 층은 꽃집이에요 . 거기 2 층이 치과예요 .

하야토 : 고마워요 . 치과는 몇 시까지예요 ?

이수진 : 저녁 7 시까지예요 . 아침은 9 시 30 분부터
예요 .

하야토 : 오늘도 진료하지요 ?

이수진 : 아 , 잠깐만요 . 오늘은 수요일이지요 ?
수요일은 휴진이에요 .

하야토 : 어쩔 수 없네요 . 내일 가겠어요 .

- 치과　歯科、歯医者

- 왜요?　どうしたんですか?　どうしてですか?

- 이　歯

- 아프다　痛い

- 사랑니　親知らず

- 아프겠어요.　痛そうですね。

- 약국　薬局

- 오른쪽　右側
  - » ＊3課【補足：位置】参照

- 층　階
  - » 漢数詞または疑問詞の몇＋階

- 꽃집　花屋

- 몇　いくつ、何

- -시　－時

- -분　－分

- 진료하다　診療する、診察する

- 잠깐만요.　ちょっと待ってください。

- 수요일　水曜日

- -지요?　〜ですよね?　〜でしょ?
  - » ＊縮約形は「-죠?」

- 휴진　休診

- 어쩔 수 없네요.　仕方ないですね。

発　音　※別冊『発音のルール』を参照してください。

- 치과 [치꽈]
  - » ※濃音化：合成語の場合

- 꽃집 [꼳찝]　・꽃집이에요 [꼳찌비에요]
  - » ※濃音化

- 진료 [질료]
  - » ※流音化

- 어쩔 수 없네요 [어쩔쑤엄네요]
  - » ※濃音化と鼻音化
    「- (으) ㄹ」の後に続く、「ㄱ, ㄷ, ㅂ, ㅅ, ㅈ」は「ㄲ, ㄸ, ㅆ, ㅉ」と発音されます。

文型と解説

1．固有数詞　1つ、2つ、3つ……　 67

時間をいうとき、人数、年齢、回数、物などを数えるときに頻繁に使われるので、早く覚えて使えるようにしましょう。

1つ	2つ	3つ	4つ	5つ	6つ	7つ	8つ	9つ	10
하나	둘	셋	넷	다섯	여섯	일곱	여덟	아홉	열
11	20	30	40	50	60	70	80	90	99
열하나	스물	서른	마흔	쉰	예순	일흔	여든	아흔	아흔아홉

＊固有数詞は 99 まであります。100 以上は漢数詞を使います。

＊11 からは「열 十」、「스물 二十」……と「하나 1つ」「둘 2つ」……を組み合わせて 99 まで作ります。　11　열하나　　37　서른일곱

＊하나（1つ）～넷（4つ）、스물（20）は助数詞（単位）の前では形が変わります。

　하나 → 한　　둘 → 두　　셋 → 세　　넷 → 네　　스물 → 스무

2．時間の言い方

10 課で確認したように「～分」「～秒」は漢数詞を使いますが、「～時」は固有数詞を使います。

【- 시 ～時】　🔊 68

1時	2時	3時	4時	5時	6時
한 시	두 시	세 시	네 시	다섯 시	여섯 시
7時	8時	9時	10時	11時	12時
일곱 시	여덟 시	아홉 시	열 시	열한 시	열두 시

＊1時 30 分 ＝ 한 시 삼십 분 または、1時半 ＝ 한 시 반

＊～時間（시간）　　몇 시간（何時間）

　例：　2時間勉強します　：　2 시간 ＝ 두 시간 공부해요 .

＊4 課　補足：【時を表す表現】p.69 も参照

３．固有数詞を使う助数詞（単位）　＊日常でよく使われる助数詞です。

「いくつ」にあたる疑問詞は「몇［면］」です。助数詞と一緒に使います。

① 人数：〜名（명）　　**몇 명이에요？**（何名ですか？）
　　3 名です：**3 명 ＝ 세 명이에요.**

② 年齢：〜歳（살）　　**몇 살이에요？**（何歳ですか？）
　　52 歳です：**52 살 ＝ 쉰두 살이에요.**

　＊「몇 살이에요?」と聞くのは失礼にあたるので、自分より若い人や子どもに使いましょう。
　　丁寧に聞くときは、「**연세가 / 나이가 어떻게 되세요？**」を使います。
　　直訳すると「お年はおいくつでいらっしゃいますか？」です。

③ 回数：〜回（번）　　**몇 번**（何回）
　　1 週間に会社へ何回行きますか？：**일주일에 회사에 몇 번 갑니까？**
　　3 回行きます：**3 번 ＝ 세 번 갑니다.**

④ 物を数える

・〜個：개	과자 10 개	시계 두 개
・〜杯：잔（グラス、コップ）	커피 4 잔	소주 한 잔
그릇（器、どんぶり）	국밥 2 그릇	냉면 세 그릇
・〜本：병（ボトル、瓶）	주스 1 병	맥주 다섯 병
자루（細長いもの）	연필 7 자루	볼펜 세 자루
・〜台：대（車、機械など）	자전거 1 대	텔레비전 두 대
・〜冊：권（本など）	잡지 5 권	노트 네 권
・〜枚：장（紙など）	티켓 2 장	사진 한 장
・〜匹：마리（動物など）	개 3 마리	고양이 열 마리
・〜輪：송이（花）	백합 1 송이	장미 백 송이
・〜足：켤레（靴など）	양말 1 켤레	구두 두 켤레
・〜着：벌（洋服など）	양복 1 벌	원피스 한 벌

４．-지요？　〜でしょう？　〜よね？　【確認】

> 用言の語幹　＋　지요？
>
> 名詞（パッチム有）　＋　이지요？　／　名詞（パッチム無）　＋　지요？

ある事柄や、事実を相手に確認するときに使います。
会話では、縮約形の「-죠?」「-（이）죠?」がよく使われます。
語尾のイントネーションを上げて発音します。

例：　**오늘 정말** 춥지요？　　　　今日、本当に寒いでしょう？
　　　네 ,정말 춥네요 .　　　　　はい、本当に寒いですね。

　　　내일 학교에 가지요？　　　明日、学校へ行くよね？
　　　아뇨 ,안 가요 .　　　　　　いいえ、行きません。

　　　내일도 시험이죠？　　　　明日も試験ですよね？
　　　네 ,내일도 시험이에요 .　はい、明日も試験です。

５．-네요 .　〜ますね。〜ですね。　【感嘆・同感】

> 用言の語幹　＋　네요　/「ㄹ」語幹の「ㄹ」は**脱落**　＋　네요
>
> 名詞（パッチム有）　＋　이네요　／　名詞（パッチム無）　＋　네요

感嘆や同感を表します。やわらかい表現です。
＊「ㄹ」語幹の活用：길다（長い）「ㄹ」脱落 → 기+네요 → 기네요（長いですね）

例：　**한국말을** 잘 하네요 .　　　韓国語が上手ですね。
　　　비가 오네요 .　　　　　　雨が降っていますね。
　　　떡볶이가 정말 맵네요 .　　トッポッキが本当に辛いですね。
　　　집에서 학교까지 머네요 .　家から学校まで遠いですね。（멀다：遠い）
　　　고향이 부산이네요 .　　　故郷は釜山ですね。

１．次の数字を<u>ハングル</u>にしなさい。②からは助数詞も書く。（固有数詞）

①１つ〜10まで書きなさい。

_____ _____ _____ _____ _____

_____ _____ _____ _____ _____

② 34歳 → _____   ③ 24時間 → _____

④ 2杯 → _____   ⑤ 38冊 → _____

⑥ 教室に学生は何名ですか？ → _____

⑦ 5時45分   → _____

２．次の質問に答えなさい。

가：지금 몇 시예요?（今、何時ですか？）   나：(   ) 이에요 / 예요 .

① 9時   → _____

② 12時10分 → _____

③ 4時半   → _____

④ 午後6時   → _____

３．次の質問に答えなさい。ハングルで書きなさい。

① 몇 시부터 몇 시까지 공부해요?   （朝10時〜11時45分）

→ _____

② 회사는 몇 시까지예요?   （午後7時）

→ _____

③ 영화는 몇 시부터예요?   （夜8時）

→ _____

4．次の文を「用言 - 지요?」「名詞 - (이) 지요?」を使って韓国語にしなさい。

① 明日は一緒に食べるよね？　　　→　_____

② このケーキ、おいしいでしょう？→　_____

③ 日曜日にアメリカへ行くよね？　→　_____

④ 日本人でしょう？　　　　　　　→　_____

⑤ このスカート、きれいでしょう？　＊スカート：치마　きれいだ：예쁘다

　　　　　　　　　　　　　　　　　→　_____

5．次の文を「- 네요」の文にしなさい。

① 김치가 맵다　　　　　　　　　→　_____

② 한국 음식을 잘 먹다　　　　　→　_____

③ 밖에 눈이 오다　　　　　　　　→　_____

④ 바람이 불다 (風が吹く)　　　　→　_____

⑤ 노트북이다 (ノートパソコン)　→　_____

6．音声を聞いて、次の質問に答えなさい。 🔊 69

① 수업은 매일 있어요?　　　　　→　_____ ＊매일：毎日

② 금요일은 몇 시부터 수업이에요?　→　_____

③ 화요일 수업은 몇 시까지예요?　→　_____

④ 언제 아르바이트를 해요?　　　→　_____

⑤ 오늘은 무슨 요일이에요?　　　→　_____

⑥ 몇 시에 친구를 만나요?　　　　→　_____

1．次の質問に答えなさい。

　　① 지금 몇 시예요 ?

　　② 여기에 모두 몇 명 있어요 ?

　　③ 매일 아침 몇 시에 일어나요 ?　　＊일어나다 : 起きる

　　④ 매일 저녁 몇 시에 자요 ?　　＊자다 : 寝る

　　⑤ 몇 살이에요 ? (나이가 어떻게 되세요 ?)

2．一日のスケジュールを書いてから、隣の人または先生といろいろ話しましょう。
　　＊하루 : 一日

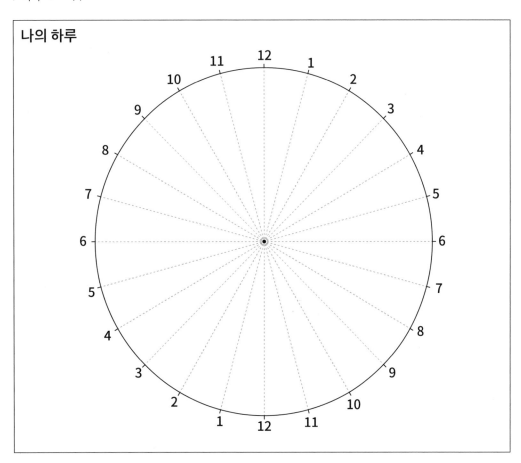

불고기	プルコギ	닭갈비	タッカルビ
갈비찜	カルビチム（骨付きカルビの煮込み）	회	刺身
감자탕	カムジャタン	해물탕	海鮮鍋
삼계탕	参鶏湯	갈비탕	カルビタン
부대찌개	プデチゲ	순두부찌개	スンドゥブチゲ
김치찌개	キムチチゲ	된장찌개	テンジャンチゲ（味噌チゲ）
육개장	ユッケジャン	국밥	クッパ
비빔밥	ビビンバ	볶음밥	チャーハン

※汁物の**국**と**탕**と**찌개**の違い
국は、食事の基本の一つである汁物です。日本でいう味噌汁にあたるものです。
　　　具材に多めのスープのもので、スープを飲むためのものです。
탕は、国の敬語です。具材が多く、やや少なめのスープのものです。
　　　また、薬草を入れて沸かしたものという意味もあります。
　　　例：**쌍화탕**（双和湯）　体力を補充するため、色々な薬草を入れて沸かした韓方薬。
찌개は、多い具材と少ないスープのもので、主に具材を食べるためのものです。

냉면	冷麺	만두	餃子	김밥	キンパ
떡볶이	トッポッキ	국수	素麺	칼국수	カルグクス（手打ち麺）
순대	スンデ（腸詰め）	어묵	魚の練りもの	튀김	てんぷら

짜장면 ＝ 자장면	ジャージャー麺（韓国風）			**짬뽕**	チャンポン（韓国風）
부침개	チヂミ	**파전**	ねぎチヂミ	**김치전**	キムチチヂミ
빈대떡	緑豆チヂミ	**잡채**	チャプチェ	**호떡**	ホトック
달걀찜	玉子チム	**달걀말이**	玉子焼き	**붕어빵**	ブンオパン（タイ焼き）

※달걀（固有語）、계란（鶏卵：漢字語）どちらも OK ですが、テレビなどでは固有語
　を使うようにしています。고맙습니다と감사합니다も同じですね。

【語彙プラス】　음료수　飲み物

물	水	**보리차**	麦茶	**옥수수차**	トウモロコシ茶
유자차	ゆず茶	**생강차**	生姜茶	**대추차**	なつめ茶
녹차	緑茶	**홍차**	紅茶	**밀크티**	ミルクティー
콜라	コーラ	**사이다**	サイダー	**주스**	ジュース
소주	焼酎	**맥주**	ビール	**양주**	ウィスキー
막걸리	マッコリ	**칵테일**	カクテル	**과일주**	果実酒
폭탄주	爆弾酒（主にビールの中にアルコール度数が高い酒が入ったショットグラスを沈めて作った酒）				

※飲食店の種類

식당	食堂　※主に食事のための店、施設
레스토랑	レストラン
분식집	ブンシッチプ　※主に粉食を提供する店　＊下記の説明参照
중국집	中華料理店　※韓国風の中華料理を提供する軽食店
고깃집	焼肉店
전문점	専門店　※「감자탕집」「횟집」など１種類、または関連の料理だけを提供する店のこと

※**분식（粉食）**とは、「小麦粉で作った料理」という意味で、ラーメン、素麺、うどん、パンなどを指しますが、現在はトッポッキ、キンパ、スンデなど、割と安価な料理を指したりもします。
韓国で**분식（粉食）**が食べられるようになったのは、1960年代に政府が米不足問題を解決するために、米より小麦粉を積極的に食べることを推奨したことからです。**분식（粉食）**を提供する飲食店を**분식집**といい、学生たちの強い味方になり、学校の周辺に多くあります。

第 12 課　이 사과 얼마예요?
このりんご、いくらですか？

〈청과물 가게에서〉

유미 : 저기요 . 이 사과 얼마예요 ?

점원 : 다섯 개에 10,000 원이에요 .

유미 : 딸기는 얼마예요 ?

점원 : 한 바구니에 12,500 원이에요 .

유미 : 딸기가 비싸네요 . 좀 깎아 주세요 .

점원 : 네 , 좋아요 . 그럼 12,000 원 주세요 .

유미 : 고마워요 . 사과 5 개하고 딸기 한 바구니 주
세요 . 그리고 깻잎도 2 묶음 주세요 .

점원 : 여기 있습니다 . 모두 25,000 원입니다 .
감사합니다 . 또 오세요 .

新出語彙 🔊 71

- 사과　りんご

- 청과물 가게　青果店、八百屋 主に野菜と果物を販売する店
    » 과일 가게, 야채 가게, 채소 가게 ともいいます。

- 하나　一つ、1個

- - 에　〜に、〜につき、〜で

- 딸기　いちご

- 바구니　籠（カゴ）

- 깎아 주세요.　安くしてください。値引きしてください。

- 깻잎　えごまの葉
    » 깨（ごま）＋잎（葉っぱ）の間に사이시옷（ㅅ）がついた形です。

- 묶음　束（助数詞）
    » 固有数詞と一緒に使います。

- 장　枚（助数詞）
    » 固有数詞と一緒に使います。

- 정도　程度、くらい

- 여기 있습니다.　どうぞ。
    » ＊ものを渡すときに。直訳：こちらにあります。

- 모두　全部で、全部、全て

- 또 오세요.　またお越しください。またいらっしゃってください。

発　音　※別冊『発音のルール』を参照してください。

- 깻잎 ［깬닙］
    » ※사이시옷（ㅅ）

- 깻잎도 ［깬닙또］
    » ※사이시옷（ㅅ）＋濃音化
    合成語の間に「ㅅ」がつく「사이시옷（ㅅ）」の３つの条件
    ①合成語であり、②固有語が含まれていて（例外あります）③２つ目の語の最初が濃音になる場合、
    または「ㄴ」「ㄴㄴ」の音が添加される場合。
    例：저（箸）＋가락（固有語：細長いもの）→ 젓가락 ［저까락 / 젇까락］（箸）
    　　바다（海）＋가（固有語：辺、端）→ 바닷가 ［바다까 / 바닫까］（海辺）
    　　비（固有語：雨）＋물（固有語：水）→ 빗물 ［빈물］（雨水）

- 묶음 ［무끔］
    » 連音化

文型と解説

1．- 에　～に、～につき、～で（数詞と一緒に使う場合）

> 数詞（漢数詞・固有数詞）・助数詞（単位）　＋　에

比較・割合の基準や、比較の対象を表します。

例：　노트 세 권에 2,000 원이에요　　ノート 3 冊で 2,000 ウォンです。

　　　사과는 하나에 3,500 원이에요 .　りんごは一つにつき 3,500 ウォンです。

　　　3 에 4 를 더하면 7 이에요 .　　3 に 4 を足すと 7 です。＊더하면：足すと

2．- 아 / 어 주세요 .　～してください。　【依頼・頼む】

> 動詞の　- 아 / - 어 形　＋　주세요 /　주십시오

8 課で学習した「- 아 / - 어」形の後ろに「주세요（ください）」が続くと「～してください」という意味の依頼文になります。より丁寧な言い方には「주십시오」が使われます。
※ポイントは私（話者）のためにという気持ち。

例：　비싸네요 . 깎아 주세요 .　　　高いですね。安くしてください。

　　　서울역으로 가 주세요 .　　　　ソウル駅へ行ってください。（タクシーで）

　　　전화번호를 가르쳐 주세요 .　　電話番号を教えてください。

　　　선배님 , 저녁 사 주세요 .　　　先輩、夕食をおごってください。

　　　여러분 여기를 봐 주십시오 .　　皆様、こちらを見てください。

＜よく聞く店員のことば＞
・「어서 오세요 .」　いらっしゃいませ。
　　　　　　　お店ではない場合は、「どうぞ、いらっしゃい。」「ようこそ。」です。
・「맛있게 드세요 .」　おいしく召し上がってください。
・「예쁘게 입으세요 .」は直訳すると「きれいに着てください。」になりますが、これは、「ありがとうございました。」にあたります。もちろん、洋服のお店で使われます。
・「또 오세요 .」は言葉通り、「またいらっしゃってください。」「またお越しください」です。

1. 全部で、いくら、何人、何個、何杯、何メートル、何匹ですか。
   数詞も助数詞（単位）もハングルで書きなさい。

① _____

사과	1,200 원
귤	3,200 원
토마토	2,500 원

② _____

③ _____

④ _____

⑤ _____

18m
+
15m

⑥ _____

2. 次の質問に答えなさい。

① 노트가 5 권 있어요. 모두 2,000 원이에요. 노트는 1 권에 얼마예요?

   → _____

② 15 에 25 를 더해 주세요. 모두 몇이에요?　　＊더하다 : 足す（＋）

   → _____

③ 귤은 10 개에 13,000 원이에요. 하나에 얼마예요?　　＊귤 : みかん

   → _____

④ 호텔 숙박비가 모두 210,000 원이에요. 3 박 4 일 숙박해요.
   숙박비는 하루에 얼마예요?
   　＊숙박비 : 宿泊費　　＊숙박하다 : 宿泊する　　＊3 박 4 일 : 3 泊 4 日

   → _____

3．次の文を「- 아 / 어 주세요」の文にしなさい。

① 부침개를 만들다 . → ＿＿＿＿＿＿＿＿＿＿＿＿＿＿＿＿＿　＊부침개 : チヂミ

② 이름을 말하다 . → ＿＿＿＿＿＿＿＿＿＿＿＿＿＿＿＿＿＿＿＿

③ 포장하다 . (包装する、包む) → ＿＿＿＿＿＿＿＿＿＿＿＿＿＿＿＿＿

④ 메일을 보내다 . (メールを送る) → ＿＿＿＿＿＿＿＿＿＿＿＿＿＿

4．次の文を韓国語にしなさい。「요체」にしなさい。

① ちょっと高いですね。　　→　＿＿＿＿＿＿＿＿＿＿＿＿＿＿＿＿＿

② 少し安くしてください。　→　＿＿＿＿＿＿＿＿＿＿＿＿＿＿＿＿＿

③ りんご 3 個といちご 1 カゴください。

　　→　＿＿＿＿＿＿＿＿＿＿＿＿＿＿＿＿＿＿＿＿＿＿＿＿＿＿

④ どうぞ。全部で 8,800 ウォンです。

　　→　＿＿＿＿＿＿＿＿＿＿＿＿＿＿＿＿＿＿＿＿＿＿＿＿＿＿

⑤ 日本語を教えてください。　→　＿＿＿＿＿＿＿＿＿＿＿＿＿＿＿＿

5．音声を聞いて次の質問に答えなさい。　🔊 72

＊시간이 걸리다 . : 時間がかかる。　　1 시간 걸려요 . : 1 時間かかります。
＊늦다 : 遅い、遅れる

① 두 사람은 어디에 가요 ?　　　→　＿＿＿＿＿＿＿＿＿＿＿＿＿＿＿

② 비행기는 몇 시예요 ?　　　　→　＿＿＿＿＿＿＿＿＿＿＿＿＿＿＿

③ 두 사람은 무엇으로 갑니까 ?　→　＿＿＿＿＿＿＿＿＿＿＿＿＿＿＿

④ 버스가 싸요 ? 공항철도가 싸요 ? →　＿＿＿＿＿＿＿＿＿＿＿＿＿＿

⑤ 버스는 얼마나 걸려요 ?　　　→　＿＿＿＿＿＿＿＿＿＿＿＿＿＿＿
　　＊얼마나 : (時間) どれくらい、(価格) いくら、(程度) どのくらい

<입장료 안내>　　어른 : 7,000 원　　　　　　중학생부터 : 5,000 원
　　　　　　　　　초등학생까지 : 2,500 원　　4 살까지 유아 : 무료
<주차장 안내>　　주차장은 유원지 입구 오른쪽과 왼쪽에 있습니다 .
승용차는 오른쪽에 세워 주세요 . 단체 버스는 왼쪽에 세워 주세요 .

<주차장 요금>　　승용차 : 6,000 원　　　　버스 : 11,000 원입니다 .
＊주차장은 오전 7 시부터 오후 9 시까지입니다 .

＊입장료 : 入場料　　　어른 : 大人　　　유아 : 乳児　　　주차장 : 駐車場
　입구 : 入口　　　　　세우다 : 止める　　승용차 : 乗用車

　주말에 아이들과 유원지에 가요 . 우리는 남편과 저 , 그리고 초등학생 아들 1 명과 아들 친구가 2 명 , 고등학생 딸이 1 명 , 그리고 2 살 아기가 있어요 .　제 자동차와 남편 자동차로 가요 .

　　① 입장료는 모두 얼마예요?　　→ _____

　　② 자동차는 어디에 세워요?　　→ _____

　　③ 주차장 요금은 모두 얼마예요?　→ _____

　　④ 우리는 언제 유원지에 가요?　→ _____

話す練習　<편의점>

커피 1,800 원 (1 캔)　　　우유 900 원 (1 병)　　　주스 2,000 원 (1 병)

신문 1,000 원 (1 부)　　　빵 1,300 원 (1 개)　　　노트 1,500 원 (1 권)

잡지 8,900 원 (1 권)　　　과자 2,200 원 (1 봉지)　＊봉지 : 袋

김밥 3,500 원 (1 줄)　　＊줄 : 長くつながっているものを数える単位

삼각김밥 2,000 원 (1 개)　　　도시락 5,500 원 (1 개)

음료수 (녹차 등) 1,200 원 (1 병)

교통카드 충전 (交通カードのチャージ)　＊충전하다 : チャージする

客と店員になってコンビニで買い物しましょう。

「名詞＋주세요」「- 아 / 어 주세요」などを使いましょう。

【語彙プラス】　過一　果物

딸기	いちご	사과	りんご
배	梨	수박	すいか
포도	ぶどう	복숭아	桃
감	柿	귤	みかん
석류	ざくろ	참외	チャメ（マクワウリ）
무화과	いちじく（無花果）	곶감	干し柿
건포도	レーズン	살구	アプリコット
멜론	メロン	자몽	グレープフルーツ
키위	キウイ	오렌지	オレンジ
바나나	バナナ	파인애플	パイナップル

견과류（堅果類）　ナッツ類

밤	栗	호두	くるみ
대추	なつめ	땅콩	ピーナッツ
잣	松の実	헤이즐넛	ヘーゼルナッツ
아몬드	アーモンド		

콩나물	豆もやし（大豆）	**숙주나물**	もやし（緑豆）
당근	にんじん	**시금치**	ほうれん草
파	ねぎ	**양파**	たまねぎ
배추	白菜	**양배추**	キャベツ
고구마	さつまいも	**감자**	じゃがいも
고추	とうがらし	**마늘**	にんにく
생강	しょうが	**부추**	にら
무	大根	**오이**	きゅうり
가지	なす	**옥수수**	とうもろこし
호박	かぼちゃ	**쑥갓**	春菊
버섯	きのこ	**애호박**	ズッキーニ
토마토	トマト	**샐러리**	セロリ

몇 시에 가십니까 ?

何時に行かれますか？

하야토 : 아야카 씨 , 최 교수님 퇴임식에 가시지요 ?

아야카 : 네 , 이따가 유미 씨와 함께 가요 .

하야토 : 몇 시에 가십니까 ?

아야카 : 5 시에 출발해요 .

하야토 : 죄송하지만 제 선물을 선생님께 전해 주세요 .

아야카 : 네 , 좋아요 . 그런데 하야토 씨는 안 가세요 ?

하야토 : 저도 가고 싶지만 오늘은 아르바이트가 있어요 .

아야카 : 그렇군요 . 알겠어요 .

하야토 : 제가 내일 선생님께 전화드리겠어요 .

- 교수　教授

- - 님　〜様

- 퇴임식　退任式

- 가시지요？　行かれるんですね？　いらっしゃるんですね？　「가다」の尊敬形

- 이따가　後で、後ほど

- 함께　一緒に、共に

- 가십니까？　行かれますか？　いらっしゃいますか？　「가다」の尊敬形

- 출발하다　出発する

- 죄송하지만　すみませんが、申し訳ありませんが、

- - 께　（人）＋〜に【助詞の敬語】

- 전해 주세요．　渡してください。伝えてください。

- 네 , 좋아요．　はい、いいですよ。

- 안 가세요？　いらっしゃらないんですか？
　　　　　　　　行かれませんか？　「안 가다」の尊敬形

- - 지만　〜けれど、〜が【逆接】

- 그렇군요．　そうなんですね。

- - 께서　〜が【主格助詞の敬語】

- 알겠어요．　わかりました。

- 전화드리겠어요．　お電話差し上げます。【謙譲語】

発　音　※別冊『発音のルール』を参照してください。

- 몇 시 [면씨]
  - » ※濃音化

- 좋아요 [조아요]
  - » ※「ㅎ」パッチムの発音

- 가고 싶지만 [가고십찌만]
  - » ※濃音化

- 그렇군요 ［그러쿠뇨］
  » ※激音化

文型と解説

１．-（으）시 （敬語：尊敬形）

> 語幹に**パッチム有** ＋ 으시 → -으십니다 / -으세요
> 語幹に**パッチム無**または「**ㄹ**」**語幹** ＋ 시 → -십니다 / -세요

　韓国語の敬語は日本語と同様、非常に発達している敬語体系をもっています。目上、年上の人だけでなく、初対面の人にも敬語を使います。

　しかし、日本語との違いは２つあり、①「ウチとソト」の区別はなく、話題になっている人が目上の人・年上の人であれば身内でも敬語を使います。②助詞にも敬語があります。

　疑問形「-（으）십니까？」「-（으）세요？」で使われることが多いです。また、丁寧な命令形として「動詞＋-（으）세요（～してください）」が使われます。

　12課で学習した「-아/어 주세요（～してください）」との違いも確認！

　敬語も変則活用します。※付録の変則的な活用を参照してください。

※敬語の多くは尊敬形（尊敬語）ですが、謙譲語もあります。ただし、謙譲語の数は少ないので覚えてしまいましょう。

【語幹の最後にパッチム**有**】

意味	基本形	語幹	- （으）십니다 - （으）세요	疑問形
読む	읽다	읽	읽으십니다. 읽으세요. 読まれます。	읽으십니까？ 읽으세요？ 読まれますか？
座る	앉다	앉	앉으십니다. 앉으세요. お座りになります。	앉으십니까？ 앉으세요？ お座りになりますか？
探す	찾다	찾	찾으십니다. 찾으세요. 探されます。	찾으십니까？ 찾으세요？ 探されますか？
良い	좋다	좋	좋으십니다. 좋으세요. よろしいです。	좋으십니까？ 좋으세요？ よろしいですか？

【語幹の最後にパッチム**無**】

する	하다	하	하십니다 . 하세요 . なさいます。	하십니까 ? 하세요 ? なさいますか？
会う	만나다	만나	만나십니다 . 만나세요 . 会われます。	만나십니까 ? 만나세요 ? 会われますか？
行く	가다	가	가십니다 . 가세요 . 行かれます。	가십니까 ? 가세요 ? 行かれますか？
忙しい	바쁘다	바쁘	바쁘십니다 . 바쁘세요 . お忙しいです。	바쁘십니까 ? 바쁘세요 ? お忙しいですか？

【ㄹ語幹】「ㄹ」パッチム脱落

作る	만들다	만들→만드	만드십니다 . 만드세요 . 作られます。	만드십니까 ? 만드세요 ? 作られますか？
知る	알다	알→아	아십니다 . 아세요 . ご存じです。	아십니까 ? 아세요 ? ご存じですか？
遠い	멀다	멀→머	머십니다 . 머세요 . 遠いです。	머십니까 ? 머세요 ? 遠いですか？

例：　**아버지께서 신문을 읽으십니다 .**　　父が新聞を読まれます。
　　　어디에 가세요 ?　　　　　　　　どこへ行かれるんですか？
　　　선생님 전화번호를 아세요 ?　　　先生の電話番号をご存じですか？
　　　지금 바쁘세요 ?　　　　　　　　今お忙しいですか？
　　　＊**여기로 오세요 .**　　　　　　　　こちらに来てください。
　　　（「-(으) 세요」には丁寧な命令形の使い方もあります。次のレベルで学習します。）

※ 11 課で練習した「**연세가 / 나이가 어떻게 되세요 ?**」は丁寧に相手の情報を聞くとき
　 に使います。　「**가족이 어떻게 되세요 ?**」「**전화번호가 어떻게 되세요 ?**」など。

2．特殊な敬語（尊敬語と謙譲語）

①　用言の例

	敬語	意味	- (으) ㅂ니다体	- 요体
먹다（食べる） 마시다（飲む）	드시다	召しあがる	드십니다 . 드십니까 ?	드세요 . 드세요 ?
먹다（食べる） 마시다（飲む）	잡수시다	召しあがる	잡수십니다 . 잡수십니까 ?	잡수세요 . 잡수세요 ?
있다（いる）	계시다	いらっしゃる	계십니다 . 계십니까 ?	계세요 . 계세요 ?
자다（寝る）	주무시다	お休みになる	주무십니다 . 주무십니까 ?	주무세요 . 주무세요 ?
아프다 （体調が悪い）	편찮으시다	お加減が悪い	편찮으십니다 . 편찮으십니까 ?	편찮으세요 . 편찮으세요 ?
죽다（死ぬ）	돌아가시다 亡くなる	＊ - (으) ㅂ니다体や - 요体はあまり使われません。 普通は過去形の「돌아가셨습니다」を使います。		
말하다（話す）	말씀하시다	おっしゃる	말씀하십니다 . 말씀하십니까 ?	말씀하세요 . 말씀하세요 ?

※「먹다、마시다」の尊敬語は「드시다」と「잡수시다」です。
　韓国国立国語院の見解は、「드시다」と「잡수시다」は語源が違うだけで、どちらがよ
　り尊敬であるかは確認できないとしています。
　慣用的に、「잡수시다」のほうが、目上、年上の人によく使われます。「드시다」は初
　対面の人にも使いますが、「잡수시다」は初対面の人にはあまり使いません。

＊謙譲語

주다 あげる	드리다 差し上げる	드립니다 差し上げます	드려요 差し上げます	드릴까요 ? 差し上げましょうか

例：　선생님께서는 어디에 계십니까 ?　　先生はどちらにいらっしゃいますか？
　　어디가 편찮으세요 ?　　　　　　　どこがお具合悪いですか？
　　작년에 할아버님께서 돌아가셨습니다 .　　去年祖父が亡くなりました。
　　할머님께 선물을 드려요 .　　　　　祖母にプレゼントを差し上げます。

② 助詞の例

～が	- 이 / 가 → - 께서	할아버지께서 진지를 드십니다. おじいさんがごはんを召し上がります。
～は	- 은 / 는 → - 께서는	할머니께서는 지금 주무십니다. 祖母は今お休みになっています。
～も	- 도 → - 께서도	아버지께서도 주무십니다. お父さんもお休みになっています。
(人)～に	- 에게 / - 한테 → - 께	선생님께 선물을 드리고 싶습니다. 先生にプレゼントを差し上げたいです。

③ 名詞の例

말	言葉		말씀	お言葉　＊謙譲の時も使用
집	家		댁	お宅、ご自宅
밥	ごはん		진지	お食事
나이	年、年齢		연세	お年、ご年齢
이름	名前	→	성함	お名前
사람	人		분	方（かた）
생일	誕生日		생신	お誕生日
부모	両親		부모님	ご両親
아들	息子		아드님	ご子息、息子さん

＊「- 님」については＜コラム③＞「敬称の　님」p.152 ～ 153 参照

＊謙譲語

나	わたし		저	わたくし
내가	わたしが	→	제가	わたくしが
우리	私たち・私		저희	わたくしども・わたくし

例：　댁이 어디세요?　　　　　　　お宅はどちらですか?
　　　연세가 어떻게 되십니까?　　お年はおいくつになられますか?
　　　부모님께서는 건강하십니까?　ご両親はお元気でいらっしゃいますか?
　　　저희 회사는 IT 기업입니다.　私共の会社は IT 企業です。
　　　제가 말씀 드렸습니다.　　　わたくしが申し上げました。

【補足】

※「있다」「없다」の尊敬語
  있다（いる）　→　**계시다**　　　いらっしゃる
  없다（いない）→　**안 계시다**　　いらっしゃらない

※「있다」「없다」の疑問詞＋否定形の使い方
  疑問詞：　**아무도**（誰も、どなたも）　　**아무것도**（何も）
  아무도 ＋ 否定文　：　**아무도 안 계세요**.
  　　　　　　　　　　　どなたもいらっしゃいません。
  아무것도 ＋ 否定文：　**아무것도 없습니다**.
  　　　　　　　　　　　何もありません。

  例：　**교실에 누가 있어요?**　　　教室に誰がいますか?
  　　　　　　　　　　　　　　　　　＊누가（誰が）：누구（誰）＋가（が）

  　　－ **아무도 없어요**.　　　誰もいません。

  　　교무실에 선생님은 누가 계세요?
  　　　　　　　　　　　　　教員室に先生はどなたがいらっしゃいますか?
  　　－ **아무도 안 계세요**.　　どなたもいらっしゃいません。

３．‐（이）시다　～でいらっしゃる　（敬語：尊敬形）

名詞の最後に**パッチム有** ＋ 이시	→	‐ 이십니다 ・‐ 이세요
名詞の最後に**パッチム無** ＋ 시	→	‐ 십니다 ・‐ 세요

「名詞＋‐（이）다（～です）」の尊敬形は「名詞＋‐（이）시다」です。
疑問形は「‐（이）십니까?」「‐（이）세요?」です。

  例：　**일본 분이십니까?**　　　日本の方でいらっしゃいますか?
  　　　어머니는 의사세요.　　お母さんは医者でいらっしゃいます。
  　　　한국어 선생님이세요?　韓国語の先生でいらっしゃいますか?

４．- 지만 / - (이) 지만 　〜けれども、〜が（逆接）

```
用言の語幹　＋　지만
------------------------------
名詞の最後にパッチム有　＋　이지만
名詞の最後にパッチム無　＋　지만
```

「〜けれども」「〜が」のように逆接にするときは、用言の語幹に「- 지만」をつけます。
名詞は「- (이) 지만」をつけます。

例：　맵지만 **맛있어요 .**　　　　　　　　辛いけど、おいしいです。

　　　피곤하지만 **괜찮아요 .**　　　　　　疲れていますが、大丈夫です。

　　　드라마를 보지만 매일은 안 봐요 .　ドラマを見ますが、毎日は見ません。

　　　월급날이지만 **돈이 없어요 .**　　　　＊월급날：給料日
　　　　　　　　　　　　　　　　　　　　　給料日ですが、お金がありません。

　　　연휴지만 **도로에 차가 별로 없네요 .**　＊별로 없네요：少ないですね
　　　　　　　　　　　　　　　　連休ですが、道路に車が少ないですね（あまりないですね）。

　　　＊별로（あまり）は後ろに否定文が来ます。

　　　例：**별로 크지 않네요 . 별로 안 크네요 .**　あまりおおきくないですね。

補足：敬語のまとめ①

１．ウチとソトの区別はない。（絶対的敬語）

２．日本語と同様に特殊な敬語（尊敬語・謙譲語）がある。

３．助詞にも尊敬語がある。

４．謙譲語の数は少ない。

　※韓国語の敬語の段階（実生活においての敬語の段階です）

　　하십니다 , 하세요　　されます、なさいます（もっとも高めた尊敬語）

　　드립니다 , 드려요　　差し上げます（謙譲語）

　　합니다 , 해요　　　　します（丁寧語）

　　해　　　　　　　　　して（パンマル：ため口）

　　해라　　　　　　　　しなさい（命令、指示）

1．次の文を例のように敬語の疑問形に変えなさい。

例： 오다 ： <u>오십니까？</u> <u>오세요？</u>

① 찾다 ： _____ _____

② 듣다 (＊ㄷ変則) ： _____ _____

③ 알다 (＊ㄹ語幹) ： _____ _____

④ 일하다 ： _____ _____

⑤ 자다 (特殊形) ： _____ _____

⑥ 있다 (特殊形) ： _____ _____

⑦ 한국 사람이다 ： _____ _____

⑧ 아들이다 ： _____ _____

2．次の文を例のように敬語文に変えなさい。

例：선생님이 교과서를 읽습니다. → <u>선생님께서 교과서를 읽으십니다.</u>

① 어머니는 케이크를 만들어요. → _____

② 먼저 먹으세요. → _____ ＊먼저：先に

③ 주말에 무엇을 합니까? → _____

④ 과장님은 내일 출장을 갑니다. → _____

⑤ 아버지는 신문을 읽어요. → _____

⑥ 이름이 뭐예요? → _____

⑦ 부모님 집이 멀어요? → _____

⑧ 할아버지는 밥을 먹습니다. → _____

3．次の2つの文を例のように「- 지만」「- (이) 지만」を使って逆接の文にしなさい。（요体）

例：　가고 싶다　＋　아르바이트가 있다

　　→ 　　**가고 싶지만** 아르바이트가 있어요 .

① 한국어는 어렵다 + 재미있다

　　→ _____

② 이 가방은 싸다 + 튼튼하다　＊튼튼하다 : 丈夫だ

　　→ _____

③ 미안합니다 + 이 반지를 보어 주다 (- 아 / 어 주세요)

　　→ _____

④ 일본 사람 + 한국어를 아주 잘하다

　　→ _____

⑤ 떡볶이 + 전혀 안 맵다　＊전혀 : 全然

　　→ _____

4．音声を聞いて文章を全部書き取りなさい。 🔊 75
　　（받아쓰기　パダスギ : ディクテーション）

　　① _____

　　② _____

　　③ _____

　　④ _____

　　⑤ _____

読む練習 次を読んで質問に答えなさい。

휴일 낮
　오늘은 일요일입니다 . 다음 주 수요일이 시험입니다 . 그래서 지금 공부를 합니다 .
할아버지께서는 밖에서 친구 분을 만나십니다 . 아버지와 어머니는 드라마를 보십
니다 . 아버지는 토요일과 일요일은 회사에 안 가십니다 . 그리고 여동생은 숙제를 하
고 , 남동생은 게임을 합니다 .

휴일 : 休日	시험 : 試験	밖에서 : 外で
숙제 : 宿題	게임 : ゲーム	

---

① 시험은 언제예요 ?　　　→ ＿＿＿＿＿＿＿＿＿＿＿＿＿＿＿＿＿

② 할아버지는 뭐 하세요 ?　→ ＿＿＿＿＿＿＿＿＿＿＿＿＿＿＿＿

③ 어머니는 요리를 하세요 ?　→ ＿＿＿＿＿＿＿＿＿＿＿＿＿＿＿

④ 게임은 누가 해요 ?　　　→ ＿＿＿＿＿＿＿＿＿＿＿＿＿＿＿＿

⑤ 아버지는 일요일에 일을 하세요 ?

　　　　　　　　　　　　　→ ＿＿＿＿＿＿＿＿＿＿＿＿＿＿＿

話す練習

初対面と仮定して次を質問したり、答えたりして会話しなさい。

① 성함이 어떻게 되세요 ?

② 나이가 어떻게 되세요 ? / 연세가 어떻게 되세요 ?

③ 한국 분이세요 ? / 어느 나라 분이세요 ?

④ 댁이 어디세요 ?

⑤ 매일 몇 시에 일어나세요 ?

⑥ 내일 무엇을 하세요 ?

補足：敬語のまとめ②

1．-（으）시

パッチム有：語幹＋（으）십니다 　　　語幹＋（으）세요
　　　　　　語幹＋（으）십니까？ 　　語幹＋（으）세요？

パッチム無：語幹＋십니다 　　　　　　語幹＋세요
　　　　　　語幹＋십니까？ 　　　　　語幹＋세요？

ㄹ語幹 　　：ㄹ脱落＋십니다 　　　　　ㄹ脱落＋세요
　　　　　　ㄹ脱落＋십니까？ 　　　　ㄹ脱落＋세요？

2．特殊な敬語

① 用言

	尊敬語	謙譲語
基本形	계시다（いらっしゃる）	드리다（差し上げる）
- ㅂ니다 / - 습니다	계십니다	드립니다
- ㅂ니까 ?/- 습니까 ?	계십니까 ?	드립니까 ?
- 아요 /- 어요	계세요	드려요
- 아요 ?/- 어요 ?	계세요 ?	드려요 ?

② 助詞　　　　　　　　　　　　③ 名詞

～が	- 께서	お言葉	말씀
～は	- 께서는	お宅、ご自宅	댁
～も	- 께서도	お食事	진지
（人）～に	- 께	お年、ご年齢	연세

＊名詞の謙譲語　　わたくし：저　　　わたくしども・わたくし：저희

3．名詞の最後にパッチム有 ＋ 이십니다 / 이세요 / 이십니까 ? / 이세요 ?
　　名詞の最後にパッチム無 ＋ 십니다 / 세요 / 십니까 ? / 세요 ?

コラム ③ 敬称の -님 【〜様】

「〜さん」の尊敬形で、「〜様」にあたります。

　ドラマや映画、または会話で人を呼ぶときに「-씨」、「-님」、「-분」をよく耳にしますね。なんとなく使い分けしていて、なんとなくわかる気になっていませんか。「-씨」については、第2課の【コラム①】に書きましたので参照してください。ここでは、「-씨」より尊敬形の「-님」の使い方、書き方についてお話します。

① 苗字＋役職名＋님（日本ではあまり使われません。）
　　社長：김 사장님　　部長：박 부장님　　会長：이 회장님

　　※役職名に「님」をつける場合は、空けないで書きます。

② 苗字＋職名＋님　または　職名＋님
　　先生：강 선생님 / 선생님　　校長・校長先生：교장 선생님

　　※선생님（先生）は、선생（先生）＋님（様）ですが、日本語では「先生様」にならないで「先生」という意味になります。必ず「선생」だけでなく、「님」もつけましょう。
　　※「教師」という職業の人ではなくても、相手の名前がわからないときにも「선생님」を使います。

③ フルネーム＋님（銀行や病院などでよく使われます）
　　이수진 님　　　　　　　강민규 님

　　※フルネームに「님」をつける場合は、分かち書きをします。
　　※「苗字＋님」はおかしな表現です。使われないので注意！
　　　김 님（キム様）　×　　　　이 님（李様）　×

④ 自分との関係、家族を敬称で呼ぶとき（目上の家族、年上の家族の場合、自分の家族でも「님」をつけます）

　＊「님」は空けずに書きます。

　　선배님（先輩）　　　형님（お兄さま）　　　누님（お姉さま）

　　아버님（お父様）　　어머님（お母様）

　　할아버님（ご祖父様・おじい様）　　　할머님（ご祖母様・おばあ様）

　※ただし、家族を敬称で呼ぶときでも他人の「息子」「娘」には「님」をつけます。この時、形が変わるので気をつけましょう。

　　　　아들　→　아드님（ご子息、息子さん）　딸　→　따님（ご令嬢、娘さん）

　※注意：「님」をつけないで「분」をつけるものもありますので気をつけましょう。

　＊ここの「분」は名詞を尊敬形にするための接辞なので空けずに書きます。ただし人（人）の尊敬形である「분（方）」のように依存名詞として使う場合は分かち書きをします。（일본 사람　日本人　→　일본 분　日本の方）

　　　남편님　×　　　　남편분　○

　　　환자님　×　　　　환자분　○

⑤ その他１：＊ここでは「님」は空けずに書きます。

　　　　손님（お客様・お客さん）　　기사님（技師さん、運転手さん）

⑥ その他２：人ではない名詞の後ろにつけて人格化してからの敬称

　　　　　＊ここでは「님」は空けずに書きます。

　　　달님（お月さま）　　별님（お星さま）　　해님（お日さま）

⑦ その他３：聖人や偉人など　＊ここでは「님」は空けずに書きます。

　　　부처님（お釈迦様）　　공자님（孔子様）

⑧ インターネット上、ハンドルネームに「님」をつけることもあります。

　　　yeppoyo　님　　　　우리사는세상 님

第 **14** 課 독일에 갔어요 ?
ドイツへ行ったんですか ?

会 話 🔊 76

유미 　 : 민규 씨 , 이거 선물이에요 .
　　　　그리고 이것은 왕웨이 씨한테 주세요 .

강민규 : 고마워요 . 이게 뭐예요 ?

유미 　 : 독일의 공예품이에요 .

강민규 : 독일에 갔어요 ?

유미 　 : 네 , 지난주 일요일까지 2 주 동안 다녀왔어
　　　　요 .

강민규 : 독일은 어땠어요 ?

유미 　 : 아주 좋았어요 . 날씨도 좋았고요 .
　　　　특히 라인강은 매우 아름다웠어요 .

강민규 : 그랬군요 . 나중에 사진 보여 주세요 .

- 독일　ドイツ

- - 한테　（人に）〜に　会話でよく使われる（助詞）
  » - 에게（9課）と同じ

- 주세요.　あげてください。
  » 주세요には、「（私に）ください」という意味と「（第三者に）あげて（渡して）ください」の意味も
  あります。

- - 의　〜の

- 공예품　工芸品

- 동안　〜の間（数詞と一緒に使います）　例　일주일 동안,1년 동안

- 다녀오다　行って来る

- 어땠어요?　どうでしたか?
  » 「어떻다」の過去の疑問形「ㅎ」変則の「요体」語幹の「ㅎ」が脱落し、母音は「ㅐ」になる＋ㅆ어요?
  → 어땠어요?

- 아주　とても、すごく（普通を超えた状態）

- 날씨　天気

- 좋았고요.　よかったですし。

- 특히　特に

- 라인강　ライン川
  » ドイツを含む西ヨーロッパを流れる大河

- 매우　とても、非常に（普通以上に）

- 아름답다　美しい

- 그랬군요.　そうだったんですね。

- 나중에　後で
  » 13課で学習した이따가との違い：その日のうちであればどちらでもOK。翌日以降なら、나중에を使
  います。
  例　김 선생님은 지금 안 계십니다.이따가 오세요.　少し時間が経ってから
  例　김 선생님은 오늘 쉬십니다.나중에 오세요.　　明日以降

　※別冊『発音のルール』を参照してください。

- 독일의 ［도기레］
  - » ※所有格助詞「의」の発音
- 좋았고요 ［조알꼬요］
  - » ※「ㅎ」パッチムの発音と濃音化
- 특히 ［트키］
  - » ※激音化

文型と解説

１．用言の過去形：- 았 / 었습니다 .・- 았 / 었어요 .　～ました。・～でした。

> 用言の語幹の最後の母音が陽母音（ㅏ , ㅗ）　　：　- 았습니다・- 았어요
>
> 用言の語幹の最後の母音が陰母音（ㅏ , ㅗ以外）：　- 었습니다・- 었어요

※陽母音と陰母音は 8 課を参照してください。
　「8 課」で学習した「- 아 / 어요」体に「ㅆ습니다・ㅆ어요」をつけて過去形を作ります。
　過去形には、丁寧な「- 았 / 었습니다」と、会話でよく使われる親しみのあるやわらかい表現の「- 았 / 었어요」があります。
　また、疑問文は「- 았 / 었습니까 ?」と「- 았 / 었어요 ?」になります。
　13 課で学習した敬語の「- (으) 시」を過去形にすると「- (으) 셨습니다」「- (으) 셨어요」になります。
　否定形の「- 지 않습니다 /- 지 않아요」も過去形にすることができます。過去形にすると「- 지 않았습니다 /- 지 않았어요」になります。

> ①　語幹がㅏかㅗ（陽母音）の場合　＋　았습니다・았어요
> 　　　　　　　　　疑問文は　　았습니까 ?・았어요 ?

　例：　**살다 : 살**　＋　았　→　살았습니다・살았어요　　住んでいました。
　　　　좋다 : 좋　＋　았　→　좋았습니다・좋았어요　　よかったです。

　ただし、語幹にパッチムがなく、ㅏ＋았の場合、아は省略されます。

　例：　**가다 : 가**　＋　았　→　갔습니다・갔어요　　行きました。
　　　　짜다 : 짜　＋　았　→　짰습니다・짰어요　　塩辛かったです。

また、語幹にパッチムがなく、ㅗ＋았の場合、왔のように縮約されます。

例： **오다：오＋았 → 왔습니다・왔어요**　　来ました。

　　보다：보＋았 → 봤습니다・봤어요　　見ました。

---

② 語幹がㅏかㅗ以外（陰母音）の場合　＋　었습니다・었어요
　　　疑問文は　　었습니까？・었어요？

例： **먹다：먹＋었 → 먹었습니다・먹었어요**　　食べました。

　　길다：길＋었 → 길었습니다・길었어요　　長かったです。

ただし、語幹にパッチムがなく、ㅓ＋었の場合、어は省略されます。

例： **서다　서＋었 → 섰습니나・섰어요**　　立ちました。

また、語幹にパッチムがなく、ㅜ＋었の場合、웠に縮約されます。

例： **배우다 배우＋었 → 배웠습니다・배웠어요**　　習いました。

さらに、語幹にパッチムがなく、ㅣ＋었は、ㅕに縮約されます。

例： **마시다 마시＋었 → 마셨습니다・마셨어요**　　飲みました。

---

③ 縮約形のその他（ㅚ，ㅐ，ㅔ）　/　疑問文は「?」をつけます

例： **되다　　되＋었 → 됐습니다・됐어요**　　なりました。

　　보내다　보내＋었 → 보냈습니다・보냈어요　　送りました。

　　세다　　세＋었 → 셌습니다・셌어요　　数えました。

---

④ 例外）語幹が하は　했습니다・했어요
　　　疑問文は　　했습니까？・했어요？

例： **운동하다 → 운동했습니다・운동했어요**　　運動しました。

※ 「으語幹」、「ㄷ変則」、「ㅂ変則」、「ㅅ変則」、「ㅎ変則」、「르変則」は付録の「変則的な活用」
　を参照してください。

⑤敬語：- (으) 셨습니다・- (으) 셨어요 / - (으) 셨습니까？・- (으) 셨어요？

語幹にパッチム有　＋　으시　→　- 으셨습니다・- 으셨어요
語幹にパッチム無または「ㄹ」語幹　＋　시　→　- 셨습니다・- 셨어요

例：　읽다 → 신문을 읽으셨습니다.　　　新聞を読まれました。
　　　보다 → 이 드라마를 보셨어요？　　　このドラマをご覧になりましたか？
　　　만들다 → 할머니께서 만드셨어요.　　　祖母が作りました。（作られました）

２．名詞の過去形

名詞に指定詞の「- 이다」がついた形から活用します。
ただし、名詞の最後にパッチムがないと「- 이다」は「- 여」に縮約されます。

① 　過去形：- 이었습니다 / - 이었어요・- 였습니다 / - 였어요　　～でした

名詞　パッチム有　＋　이었습니다　/　이었어요
名詞　パッチム無　＋　였습니다　　/　였어요

疑問文は「- 이었습니까 ?/ 이었어요 ?」「- 였습니까 ?/ 였어요 ?」です。

例：　어제는 시험이었습니다.　　　昨日は試験でした。
　　　유미 씨 책이었어요.　　　　ゆみさんの本でした。
　　　그 사람은 누구였습니까？　　その人は誰でしたか？
　　　- 제 친구였어요.　　　　　　私の友達でした。

② 　敬語：- 이셨습니다 / - 이셨어요・- 셨습니다 / - 셨어요
　　　　　　　　　　　　　　　　　　　～でいらっしゃいました

名詞の最後にパッチム有　＋　이셨　→　- 이셨습니다　- 이셨어요
名詞の最後にパッチム無　＋　셨　→　- 셨습니다　　- 셨어요

疑問文は「- 이셨습니까 ?/ 이셨어요 ?」「- 셨습니까 ?/ 셨어요 ?」です。

例：　선생님이다　→　선생님이셨습니다・선생님이셨어요
　　　　　　　　　　　　　　先生でいらっしゃいました。

　　　기자이다　→　기자셨습니다・기자셨어요　記者でいらっしゃいました。

③ 　名詞の否定の過去形：
　　- 이 / 가 아니었습니다・아니었어요　　～ではありませんでした
名詞　パッチム有　＋　이 아니었습니다　/　이 아니었어요
名詞　パッチム無　＋　가 아니었습니다　/　가 아니었어요

疑問文は「- 이 / 가 아니었습니까 ?/ 아니었어요 ?」です。

例： **수진 씨 가방**이 **아니었어요 ?**　スジンさんのかばんじゃありませんでしたか？
　　　- 네 , 제 가방이 **아니었어요 .**　はい、私のかばんじゃありませんでした。
　　　그것은 제 구두가 **아니었습니다 .**　それは私の靴ではありませんでした。
　　　그 사람은 수미 씨가 **아니었어요 .**あの人はスミさんではありませんでした。

３．**- 고요　〜ですし……　/　〜しますし……**

語幹　＋　**고요**
名詞　パッチム**有**＋ **이고요**　/ 名詞　パッチム**無**＋ **고요**

叙述した内容以外に他にもあることを示す言い方です。会話でよく使われます。

例：　**한국말은 재미있어요 .** **쉽고요 .**　韓国語は面白いです。易しいですし。
　　　(한국말은 재미있고 쉬워요 .　韓国語は面白くて易しいです。)
　　　음식이 맛있었어요 . 가격도 쌌고요 .　＊가격 : 価格、値段
　　　　　　　　　　　　　　　料理がおいしかったです。値段も安かったし。
　　　저는 일본 사람이에요 . 친구는 중국 사람이고요 .
　　　　　　　　　　　　　　　私は日本人です。友達は中国人ですし。

文型練習

１．次の語句を過去形に変えなさい。

	- 았 / 었습니다	- 았 / 었어요
① **사다**（買う）		
② **오다**（来る）		
③ **닦다**（拭く、磨く）		
④ **만들다**（作る）		
⑤ **만나다**（会う）		
⑥ **주다**（あげる）		
⑦ **기다리다**（待つ）		

⑧ 드시다（召し上がる）		
⑨ 주무시다（お休みになる）		
⑩ 좋아하다（好きだ、好む）		
⑪ 내다（出す）		
⑫ 유학생이다（留学生だ）		
⑬ 친구이다（友達だ）		

２．次の変則活用する用言を過去形に変えなさい。

	- 았 / 었습니다	- 았 / 었어요
① 듣다（聞く）ㄷ変則		
② 낫다（治る）ㅅ変則		
③ 기쁘다（嬉しい）으語幹		
④ 고맙다（ありがたい）ㅂ変則		
⑤ 그렇다（そうだ）ㅎ変則		
⑥ 모르다（知らない）르変則		
⑦ 줍다（拾う）ㅂ変則		
⑧ 돕다（助ける）ㅂ変則 ＊例外		

３．次の文を例のように過去形の疑問形「요体」に変えなさい。

例：　어제 무엇을 하다 .　　　→ <u>　　　　**어제 무엇을 했어요 ?**　　　　</u>

① 언제 친구를 만나다 .　　　→ <u>　　　　　　　　　　　　　　</u>

② 지난 달에 어디에 가시다 .　→ <u>　　　　　　　　　　　　　　</u>

③ 교토 여행은 어떻다 .　　　→ <u>　　　　　　　　　　　　　　</u>
　　＊교토：京都　　　어떻다：どうだ（ㅎ変則）

④ 부모님 생신에 무엇을 드리다 .　→ <u>　　　　　　　　　　　　</u>

⑤ 작년까지 회사원이시다 .　　→ <u>　　　　　　　　　　　　　　</u>

⑥ 음식은 무엇을 만들다 .　　　→ _____

⑦ 사과는 몇 개 있다 .　　　　→ _____

⑧ 그 사람은 누구이다 .　　　　→ _____

⑨ 주말에 무엇을 하시다 .　　　→ _____

⑩ 수미 씨 가방이 아니다 .　　→ _____

4 ．次の質問に（　　）の語句を使って例のように「요체」で答えなさい。

例：　언제 먹었습니까 ?　　　―――　**(지난주)　　지난주에 먹었어요 .**

① 언제 한국에 갔습니까 ?　　　―――　(작년) _____

② 어디서 한국어를 공부했어요 ?　―――　(한국어 교실) _____

③ 누구하고 영화를 봤어요 ?　　―――　(남자 친구) _____

④ 무엇을 만들었어요 ?　　　　―――　(일본 요리) _____

5 ．例のように尊敬表現の過去形の「- 으셨습니다 / 셨습니다」で答えなさい。

例：　식사를 하다 .　→　**식사를 하셨습니다 .**

① 친구 분을 만나다 .　→ _____

② 이 음식을 만들다 .　→ _____

③ 목욕탕에 가다 .　　→ _____　＊목욕탕：銭湯

④ 처음 먹다 .　　　　→ _____　＊처음：初めて

⑤ 저희한테 말하다 .　→ _____

＊저희한테：私たちに

6 ．次の文を韓国語にしなさい。（요체）

① このプリントを수미さんに渡してください。　＊プリント：프린트

　　→ _____

② 1年の間アメリカで英語を勉強しました。　＊アメリカ：미국

　　→ _____

③ 特に全州ビビンバ（전주비빔밥）はとてもおいしかったです。

　　→ _____

7．音声を聞いて質問に答えなさい。韓国語で書きなさい。　🔊78

　　① 베트남 여행은 처음이었어요?

　　　－（　　　）,（　　　　　　）이었어요.

　　② 얼마 동안 다녀왔어요?

　　　－（　　　）부터（　　　）까지（　　　　　）（　　　）다녀왔어요.

　　③ 베트남 여행은 어땠어요?

　　　－（　　　）（　　　　　）.（　　　　　）.

　　④ 다낭은 어땠어요?　＊다낭：ダナン（ベトナム中部の港湾都市、観光地）

　　　－（　　　）（　　　　　）.

話す練習

1．例のように対話文を作って、隣の人や先生と話しましょう。

　　例：　　　(음식) 음식이 어땠어요?

　　　　→ 　(맛있다 / 가격도 싸다)　맛있었어요. 가격도 쌌고요.

　　① 음식　→　맛없다（おいしくない）/ 짜다（塩辛い）

　　② 제주도　→　아름답다 / 사람들도 친절하다（親切だ）

　　③ 그 영화　→　재미있다 / 주인공도 예쁘다（主人公もきれいだ）

　　④ 콘서트　→　즐겁다（楽しい）/ 신나다（うきうきする、テンションがあがる）

　　⑤ 여행　→　아주 좋다 / 음식도 맛있다

⑥ 친구 결혼식　→　멋있다 / 신부도 예쁘다

　　＊결혼식 : 結婚式　　멋있다 : かっこいい　　신부 : 新婦

2．海外旅行（해외여행）について

　① 어느 나라에 갔어요 ? 그 나라의 무엇이 좋았어요 ?

　② 어느 나라에 가고 싶어요 ?

【語彙プラス】　　国家名　国名

대한민국	大韓民国	일본	日本
중국	中国	몽골	モンゴル
대만	台湾	말레이시아	マレーシア
필리핀	フィリピン	베트남	ベトナム
인도네시아	インドネシア	태국（泰国）	タイ
싱가포르	シンガポール	미얀마	ミャンマー
라오스	ラオス	부탄	ブータン
캄보디아	カンボジア	인도（印度）	インド
스리랑카	スリランカ	방글라데시	バングラディシュ
이란	イラン	이라크	イラク
파키스탄	パキスタン	미국	アメリカ
캐나다	カナダ	멕시코	メキシコ
칠레	チリ	브라질	ブラジル
아르헨티나	アルゼンチン	페루	ペルー
콜롬비아	コロンビア	자메이카	ジャマイカ
프랑스	フランス	영국（英国）	イギリス

아일랜드	アイルランド	스페인	スペイン
독일（独逸）	ドイツ	오스트리아	オーストリア
이탈리아	イタリア	네덜란드	オランダ
스위스	スイス	벨기에	ベルギー
그리스	ギリシャ	튀르키예	トルコ
포르투갈	ポルトガル	헝가리	ハンガリー
덴마크	デンマーク	폴란드	ポーランド
루마니아	ルーマニア	불가리아	ブルガリア
러시아	ロシア	핀란드	フィンランド
우크라이나	ウクライナ	카자흐스탄	カザフスタン
우즈베키스탄	ウズベキスタン	호주（豪州）	オーストラリア
뉴질랜드	ニュージーランド	이집트	エジプト
카메룬	カメルーン	나이지리아	ナイジェリア
세네갈	セネガル	모로코	モロッコ
마다가스카르	マダガスカル	남아프리카공화국	南アフリカ共和国
케냐	ケニア		

※その他

아시아	アジア	유럽	ヨーロッパ	아프리카	アフリカ
남미	南アメリカ	북미	北アメリカ	중동	中東
북한	北朝鮮	＊조선민주주의인민공화국	朝鮮民主主義人民共和国		

【語彙プラス】　공휴일　公休日

신정	1 월 1 일	新正月
설날	음력 1 월 1 일과 전후 2 일	お正月
	＊陰暦の 1 月 1 日とその前日と 1 月 2 日を合わせた 3 日間の連休	
삼일절	3 월 1 일	三一節
어린이날	5 월 5 일	こどもの日
부처님오신날	음력 4 월 8 일	陰暦の 4 月 8 日　**お釈迦様の誕生日**
현충일	6 월 6 일	顕忠日：国のために犠牲になった人を追悼する日
광복절	8 월 15 일	光復節（独立記念日）
추석	음력 8 월 15 일과 전후 2 일	＊秋夕（日本のお盆に相当する日）
	＊陰暦の 8 月 15 日と前後の 2 日を合わせた 3 日間の連休	
개천절	10 월 3 일	開天節：建国記念日
한글날	10 월 9 일	ハングルの日
기독탄신일	12 월 25 일	クリスマス（크리스마스）

※官公署の公休日に関する規定（2021 年 8 月 4 日 一部改定）より

※日本と同じく、祝日が日曜日（土曜日の場合もある）と重なった場合、次の月曜日が振替休日になります。

※上記に加え、公職選挙法による選挙日も公休日になります。

대통령 선거일	大統領選挙日
국회의원 선거일	国会議員選挙日
지방 선거일	地方選挙日

한국말을 잘하네요 .

韓国語が上手ですね。

会 話  79

강민규 : 유미 씨는 한국말을 잘하네요 .

유미　 : 아니에요 . 아직 잘 못해요 .
　　　　 왕웨이 씨가 저보다 더 잘해요 .

강민규 : 유미 씨는 매일 한국말을 공부해요 ?

유미　 : 아뇨 , 매일은 안 해요 . 주말에만 해요 .
　　　　 평일에는 아르바이트가 있거든요 .

강민규 : 요즘 중국어도 공부하지요 ?

유미　 : 네 , 중국말 공부를 시작했어요 . 너무 재미
　　　　 있어요 .

강민규 : 저도 일본어를 배우기 시작했어요 .
　　　　 다음에 우리 일본어로 이야기해요 . 파이팅 !

- 한국어 / 한국말　韓国語
  » - 어（～語）, 말（言葉）

- - 을 / 를 잘하다　～が上手だ

- 아직　まだ

- 잘　よく、十分に
  » （後ろに否定形が続く場合は）あまり～ない
  例）잘 먹어요（よく食べます）　잘 안 먹어요（あまり食べません）

- 못하다　上手じゃない、下手だ
  » 잘 못해요.　あまり上手じゃないです。

- - 보다　～より（比較）

- 더　もっと

- - 만　～だけ、～のみ

- 평일　平日

- 있거든요.　あるんですよ。あるからですよ。

- 요즘　最近、近頃

- 중국어 / 중국말　中国語

- - 을 / 를 시작하다.　～を始める。

- 너무　とても（～すぎる）

- 재미있다　おもしろい

- 일본어 / 일본말　日本語

- 배우다　習う

- - 기 시작하다.　～し始める。

- 우리　私たち
  » 우리 엄마（私の母）, 우리 나라（我が国）のように「私の～」の使い方もある。

- 다음에　今度、次に、次の機会に

- 이야기해요.　話しましょう。

- 파이팅！　ファイト！頑張ろう、頑張って

　※別冊『発音のルール』を参照してください。

- 못해요［모태요］
  - » ※「못」の後に「ㅎ」が続くと「못［몯］」の発音の「ㄷ」と「ㅎ」が合わさって、「ㅌ」の音に変わります。
- 중국어［중구거］
  - » ※連音化
- 중국말［중궁말］
  - » ※鼻音化

文型と解説

1．더　もっと　/　덜　〜より少ない、足らない、まだ〜

> 比較の対象より程度が大きい、より数が多い：　더 〜
>
> 一定の状態や程度に至らない、完全ではない：　덜 〜

　比較表現には「더」と「덜」があります。「더」は「何かに比べてもっと」、または「直前の状態より多く、もっと」を表します。「덜」は、日本語で直訳できる言葉はありません。「完全ではない」、「〜より少なく」、「〜の程度に至らない」を表します。「덜」はマイナスのイメージの語句の前に使われるのが一般的です。マイナスの程度がそこまで酷くないことを表すときに使われます。比較の「A 보다 B（A より B）」と一緒に使うこともあります。

例：	죄송한데요 . 김치 좀 더 주세요 .	すみませんが、キムチをもっとください。
	더 드세요 .	もっと召し上がってください。
	이번 시험은 덜 어려웠어요 .	今回の試験はあまり難しくなかったです。
	오늘은 어제보다 덜 춥네요 .	今日は昨日より寒くないですね。

2．- 거든요 .　〜なんですよ。〜だからですよ。

> 語幹　＋　거든요

「〜なんですよ」という理由の説明、根拠を表す表現にするためには、用言の語幹に「- 거든요」をつけます。過去形語幹の「았 / 었 / 했」に「- 거든요」をつけると「〜だったんですよ」になります。

例：　**조용히 해 주세요 . 아기가** 자거든요 .
　　　静かにしてください。赤ちゃんが寝ているんですよ。

내일 공항에 가요 . 친구가 일본에서 오거든요 .

明日空港へ行きます。友達が日本から来るんですよ。

모자를 샀어요 . 가격이 쌌거든요 .

帽子を買いました。値段が安かったんですよ。

3 . - 기 시작하다　～し始める、～しだす

> | 動詞の語幹　＋　기 시작하다 |

　動詞の名詞化の一つである語幹に「- 기」をつけて「～すること」にして、「始める」の「시작하다」をつけると「～し始める」の表現になります。

　例：　**어 , 비가** 오기 시작하네요 .　　　あ、雨が降り始めますね。

　　　　요즘 일기를 쓰기 시작했어요 .　　最近、日記を書き始めました。

　　　　언제부터 피아노를 배우기 시작했어요 ?

　　　　　　　　　　　　　　　　　　いつからピアノを習い始めましたか？

　　　　조금 전부터 먹기 시작했어요 .　　少し前から食べ始めました。

　※「動詞の語幹＋기」の他、動詞の名詞化は次のレベルで学習予定です。

> ## 文型練習

1 . (　　　) に「더」か「덜」を入れて文を完成させなさい。

① 나물이 맛있네요 . 이 나물 (　　　　　) 주세요 .　＊나물：ナムル

② 배추김치는 너무 매워요 . 오이김치가 (　　　　　) 매워요 .
　　　　　　　＊배추김치：白菜キムチ　　오이김치：きゅうりのキムチ

③ 저는 노래를 못해요 . 친구가 노래를 (　　　　) 잘해요 .

④ 친구는 20 살이에요 . 저는 22 살이에요 . 제가 나이가 (　　　　　) 많아요 .

⑤ 외국에서 살지만 친구가 많아요 . 그래서 (　　　　) 외로워요 .
　　　　　　　　　　＊외국：外国　　외롭다：寂しい

2．次の文を「- 거든요」文に変えなさい。

① 날씨가 좋았다 .　　　　　→ _____

② 내일 한국에 가다 .　　　　→ _____

③ 어머니가 일본에 오시다 .　→ _____

④ 감기에 걸렸다 .（風邪をひいた）→ _____

⑤ 약속이 있다 .　　　　　　→ _____

3．次の文を「- 기 시작했어요」文に変えなさい。

① 눈이 내리다（雪が降る）　　　→ _____

② 불고기를 만들다（プルコギを作る）→ _____

③ 기타를 배우다（ギターを習う）　→ _____

④ 바람이 불다（風が吹く）　　　→ _____

⑤ 밥을 먹다（ごはんを食べる）　→ _____

4．次の文を韓国語にしなさい。「요体」にしなさい。

① 민규さん、日本語お上手ですね。　→ _____

② 毎日勉強するからですよ。　　　→ _____

③ 平日にだけアルバイトします。　→ _____

④ ピアノを習い始めました。　　　→ _____

5．音声を聞いて質問に答えなさい。韓国語で書きなさい。　🔊81

① 다나카 씨는 한국말을 잘 못해요 ?

　　→ _____

② 다나카 씨는 언제부터 한국말을 공부하기 시작했어요 ?

　　→ _____

③ 왕웨이 씨는 올해 무엇을 하고 싶어해요 ?

→ _____

話す練習

次の内容で隣の人や先生と話しましょう。

・요즘 뭐 배워요 ? / 요즘 뭐 공부해요 ?

・언제부터 배우기 시작했어요 ? / 언제부터 공부하기 시작했어요 ?

・올해 무엇을 하고 싶어요 ?

【語彙プラス】　習い事

・외국어　外国語

영어	英語	일본어	日本語
중국어	中国語	러시아어	ロシア語
프랑스어	フランス語	독일어	ドイツ語
이탈리아어	イタリア語	스페인어	スペイン語
베트남어	ベトナム語	힌두어	ヒンディー語

※ - 을 / 를 배우다　〜を習う　　例）영어를 배워요．英語を習います。

・각종 학원（各種学院）　いろいろな教室
小学生の習い事のための学院（教室）が多いです。

피아노 학원	ピアノ教室	미술 학원	絵画教室
태권도 학원	テコンドー教室	음악 학원	音楽教室
주산 학원	そろばん教室	댄스 학원	ダンス教室
발레 학원	バレエ教室		

※학원에 다니다　教室に通う
　태권도 학원에 다녀요．テコンドー教室に通っています。

・기타　その他

꽃꽂이 학원	生け花教室
서예 학원	書道教室
연기 학원	演技教室

付録

変則的な活用

いろいろまとめ

文型に対応する練習問題の一覧

単語索引

変則的な活用

ㄹ語幹（語幹がㄹで終わる用言）

・ㄹ語幹は「ㄴ , ㅂ , ㅅ」がつくと、ㄹパッチムが脱落します。

例： **만들다** **- ㅂ니다 / - 습니다**（第 4 課） **만드 + ㅂ니다 = 만듭니다**
（作る） **- 네요**（第 11 課） **만드 + 네요 = 만드네요**
- (으) 세요（第 13 課） **만드 + 세요 = 만드세요**

※「- 고」、「- 아요 / 어요」がつくと脱落しません。

例： **만들다** **- 고**（第 6 課） **만들 + 고 = 만들고**
- 아요 / 어요（第 8 課） **만들 + 어요 = 만들어요**

ㄹ語幹用言：길다 , 달다 , 멀다 , 울다 , 살다 , 만들다 , 알다 , 팔다 , 날다など

基本形	- ㅂ니다 **ㄹ脱落**	- 네요 **ㄹ脱落**	- (으) 세요 **ㄹ脱落**	- 아요 / 어요
알다 (知る)	압니다	아네요	아세요	알아요
살다 (住む)	삽니다	사네요	사세요	살아요
길다 (長い)	깁니다	기네요	기세요	길어요

으語幹（語幹が母音の「ー」で終わる用言）

・**- 아 / 어形**がつくと母音の「ー」が脱落し、「ー」の前の母音が陽母音の場合は「**- 아**」が、陰母音の場合と母音がない場合は「**어**」がつきます。

例： **바쁘다**（忙しい） **바ㅃ + 아요 = 바빠요**
예쁘다（きれいだ） **예ㅃ + 었어요 = 예뻤어요**
끄다（消す） **ㄲ + 어요 = 꺼요**
쓰다（書く / 使う） **ㅆ + 었어요 = 썼어요**

으語幹用言：크다 , 배고프다 , 슬프다 , 나쁘다など

基本形	- ㅂ니다	- 네요	- 아요 / 어요 「ㅡ」脱落	- 았 / 었 「ㅡ」脱落
아프다（痛い）	아픕니다	아프네요	아파요	아팠어요
기쁘다（嬉しい）	기쁩니다	기쁘네요	기뻐요	기뻤어요

ㄷ変則（語幹がㄷで終わる一部の動詞）

・- 아 / 어形など母音で始まる語尾がつくとパッチムのㄷがㄹに変わります。
・子音で始まる語尾がつくと変則活用はしません。

例：　**듣다**（聞く）　　듣　→　들 ＋ 어요 ＝ 들어요
　　　　　　　　　　　듣　→　듣 ＋ 고　　＝ 듣고

※変則活用する：걷다（歩く）　　깨닫다（悟る）　　묻다（問う）など

基本形	- 습니다	- 고	- 아요 / 어요 ㄷ→ㄹ	- 았 / 었 ㄷ→ㄹ
걷다（歩く）	걷습니다	걷고	걸어요	걸었어요
깨닫다（悟る）	깨닫습니다	깨닫고	깨달아요	깨달았어요
묻다（問う）	묻습니다	묻고	물어요	물었어요

※規則活用する：닫다（閉める）　믿다（信じる）　얻다（得る）など

ㅂ変則（語幹がㅂで終わる一部の用言）

・- 아 / 어形がつくとパッチムのㅂが脱落し、우がつきます。
・子音で始まる語尾がつくと変則活用はしません。

例：　**덥다**（暑い）　　덥　→　ㅂ脱落 ＋ 우　→　더우 ＋ 어요 ＝ 더워요
　　　　　　　　　　　덥　→　덥 ＋ 습니다 ＝ 덥습니다

※変則活用する：깁다（縫う）눕다（寝転ぶ）줍다（拾う）춥다（寒い）など

基本形	- 습니다	- 고	- 아요 / 어요 ㅂ脱落＋우	- 았 / 었 ㅂ脱落＋우
굽다（焼く）	굽습니다	굽고	구워요	구웠어요
맵다（辛い）	맵습니다	맵고	매워요	매웠어요

※ただし、돕다 は**例外**です。- 아 / 어形がつくときだけ、ㅂが脱落し、오がつきます。

돕다（助ける）	돕습니다	돕고	도와요	도왔어요

※規則活用する：업다（負ぶう）　잡다（掴む）　뽑다（選ぶ）　など

ㅅ変則（語幹がㅅで終わる一部の用言）

・- 아 / 어形など母音で始まる語尾がつくとパッチムのㅅが脱落します。
・子音で始まる語尾がつくと変則活用はしません。

例：　**짓다**　　　　　　**짓**　→　**ㅅ脱落**　→　**지 + 어요 = 지어요**
　　（炊く、建てる）　**짓**　→　**짓 + 고 = 짓고**

※変則活用する：잇다（繋ぐ）　젓다（かき混ぜる）　붓다（注ぐ）など

基本形	- 습니다	- 고	- 아요 / 어요 ㅅ脱落	- 았 / 었 ㅅ脱落
긋다（線を引く）	긋습니다	긋고	그어요	그었어요
낫다（治る）	낫습니다	낫고	나아요	나았어요

※規則活用する：벗다（脱ぐ）　빗다（とかす）　웃다（笑う）　씻다（洗う）など

ㅎ変則 （語幹がㅎで終わる一部の形容詞）

・-아/어形がつくとパッチムのㅎが脱落し、母音のㅏ,ㅓはㅐに、ㅑ,ㅕはㅒになります。
・変則するのは좋다（良い）以外の形容詞です。動詞はほとんど規則活用します。

例：　그렇다（そのようだ）　　그렇　→　ㅎ脱落＋ㅓ　→　ㅐ＝그래요
　　　　　　　　　　　　　　그렇　→　그렇＋습니다＝그렇습니다

※変則活用する：좋다（良い）以外の形容詞、파랗다（青い）　빨갛다（赤い）など

基本形	-습니다	-고	-아요/어요 ㅎ脱落	-았/었 ㅎ脱落
까맣다（黒い）	까맣습니다	까맣고	까매요	까맸어요
어떻다（どうだ）	어떻습니다	어떻고	어때요	어땠어요
하얗다（白い）	하얗습니다	하얗고	하얘요	하얬어요

※規則活用する：＊좋다（良い）　낳다（産む）　넣다（入れる）など

르変則 （語幹が르で終わる用言）※ㄹが添加されない例外があります。

・-아/어形など母音で始まる語尾がつくと으が脱落し、ㄹが添加されます。
・-아/어のどちらを使うかは、으の前の母音によって、-아か-어かが決まります。母音が「ㅏ, ㅗ」なら아、「ㅏ,ㅗ以外」なら어になります。

例：　빠르다（速い）
　　　빠르：으脱落＋ㄹ添加→빨ㄹ＋으の前の母音：ㅏ→아요＝빨라요
　　　빠르　→　빠르＋ㅂ니다＝빠릅니다

　　　기르다（育てる）
　　　기르：으脱落＋ㄹ添加→길ㄹ＋으の前の母音：ㅣ→어요＝길러요
　　　기르　→　기르＋고＝기르고

※変則活用するもの：모르다（知らない）, 가르다（分ける）, 나르다（運ぶ）,
　　　　　　　　　　　　고르다（選ぶ）, 누르다（押す）, 흐르다（流れる）, など

基本形	- ㅂ니다	- 고	- 아요 / 어요	- 았 / 었
모르다 (知らない)	모릅니다	모르고	몰라요	몰랐어요
가르다 (分ける)	가릅니다	가르고	갈라요	갈랐어요
나르다 (運ぶ)	나릅니다	나르고	날라요	날랐어요
고르다 (選ぶ)	고릅니다	고르고	골라요	골랐어요
누르다 (押す)	누릅니다	누르고	눌러요	눌렀어요
흐르다 (流れる)	흐릅니다	흐르고	흘러요	흘렀어요

※**例外**：따르다（従う）, 다다르다（至る）, 들르다（寄る）など
・으語幹のルールで活用します。（으語幹の説明を参照）

例： **따르다**（従う）　　 **따르** ＋ 아요　 ＝ 따라요
　　 다다르다（至る）　 **다다르** ＋ 았어요 ＝ 다다랐어요
　　 들르다（寄る）　　 **들르** ＋ 어요　 ＝ 들러요
　　 치르다（支払う、執り行う） **치 르** ＋ 었어요 ＝ 치렀어요

あいさつ　인사

안녕하세요 ? 안녕하십니까 ?	おはようございます。こんにちは。 こんばんは。（時と関係なく人に会ったら）
안녕히 가세요 . 안녕히 가십시오 .	さようなら。 （残る人が去る人に、お互い去る場合）
안녕히 계세요 . 　/ 안녕히 계십시오 .	さようなら。（去る人が残る人に）
또 만나요 . / 또 만납시다 .	また会いましょう。
내일 또 봐요 .	また明日会いましょう。また明日。
잘 부탁해요 . / 잘 부탁합니다 . 잘 부탁드리겠어요 . 잘 부탁드리겠습니다 .	よろしくお願いします。
처음 뵙겠습니다 .	初めまして。
만나서 반가워요 . / 반가워요 . 만나서 반갑습니다 . 　/ 반갑습니다 . 만나 뵙게 되어서 반갑습니다 .	お会いできて嬉しいです。
어서 오세요 . / 어서 오십시오 .	いらっしゃいませ。ようこそ。
잘 오셨어요 . / 잘 오셨습니다 .	ようこそ。
오래간만이에요 . / 오래간만입니다 .	久しぶりです。
감사합니다 .	ありがとうございます。
고마워요 . / 고맙습니다 .	ありがとう。　/　ありがとうございます。
죄송해요 . / 죄송합니다 .	申し訳ありません。
미안해요 . / 미안합니다 .	ごめんなさい。
천만에요 .	どういたしまして。
뭘요 .	いいえ。（お礼を言われたとき）
괜찮아요 . / 괜찮습니다 .	大丈夫です。結構です。

많이 드세요 . / 많이 드십시오 .	どうぞ、たくさん召し上がってください。
잘 먹겠습니다 .	いただきます。
잘 먹었습니다 .	ごちそうさまでした。
축하해요 . / 축하합니다 .	おめでとうございます。
실례합니다 .	失礼します。
실례합니만…	失礼ですが・・・
이만 실례하겠습니다 .	では、この辺で失礼します。
성함이 어떻게 되세요 ? 성함이 어떻게 되십니까 ?	お名前は？
연세가 어떻게 되세요 ? 연세가 어떻게 되십니까 ?	おいくつですか？

返事　대답

네 ,	はい、	
아뇨 ,	いいえ、	
네 , 그래요 . / 네 , 그렇습니다 .		はい、そうです。
네 , 좋아요 . / 네 , 좋습니다 .		はい、いいです。
알겠어요 . / 알겠습니다 .		わかりました。（婉曲表現）
알았어요 . / 알았습니다 .		わかりました。
몰라요 . / 모르겠어요 . 　/ 모르겠습니다 .		わかりません。
잠깐만요 .		ちょっと待ってください。

副詞　부사

곧	まもなく	**곧 도착해요 .**　まもなく到着します。
너무 , 매우 , 아주	とても 非常に すごく	**너무 매워요 .**　とても辛いです。 **매우 아름다웠어요 .**　非常に美しかったです。 **아주 좋아요 .**　とてもいいです。
다시	また、再び	**다시 말해 주세요 .**　もう一度話してください。

또	また	또 만나요 . また会いましょう。
먼저	まず	먼저 손을 씻고 밥을 먹어요 . まず手を洗って、ごはんを食べます。
잘	よく、十分に	잘 들으세요 . よく聞いてください。
처음	初めて	한국은 처음이에요 ? 韓国は初めてですか。
천천히	ゆっくり	천천히 말해 주세요 . ゆっくり話してください。

接続詞　접속사

그리고	そして	나 그리고 너 私そしてあなた
그런데	ところが ところで	동생은 키가 커요 . 그런데 저는 작아요 . 弟は背が高いです。ところが、私は小さいです。
그래서	それで、だから	어제는 비가 많이 왔어요 . 그래서 쉬었어요 . 昨日は雨がたくさん降りました。だから休みました。
그럼 ＝ 그러면	では それでは	그럼 내일은 시간이 있어요 ? では、明日は時間がありますか。
하지만	しかし	이 김치는 맛있어요 . 하지만 매워요 . このキムチはおいしいです。しかし辛いです。

疑問詞　의문사

누가	誰が	교실에 누가 있어요 ? 教室に誰がいますか。
누구	誰	누구와 갔어요 ? 誰と行ったんですか。
몇	いくつ	지금 몇 시예요 ? 今何時ですか。
무슨	何の	무슨 요일이에요 ? 何曜日ですか。
무엇＝뭐	何 （なに、なん）	이것은 무엇입니까 ? これは何ですか。 뭐라고 해요 ? 何と言いますか。
어디	どこ	교과서는 어디에 있어요 ? 教科書はどこにありますか。
언제	いつ	언제 만났어요 ? いつ会いましたか。
얼마	いくら	얼마예요 ? いくらですか。

助詞　　조사

～は（1 課）	- 은 / 는	이것은 교과서입니다 . これは教科書です。 저는 일본 사람이에요 . 私は日本人です。
	- 께서는（敬語 13 課）	아버지께서는 회사에 다니십니다 . 父は会社に勤めています。
～と（1 課）	- (이) 라고	저는 다나카라고 합니다 . 私は田中と申します。
～が（2 課）	- 이 / 가	동생이 있어요 . 妹（弟）がいます。 친구가 와요 .　友達が来ます。
	- 께서（敬語 13 課）	선생님께서 식사하십니다 . 先生が食事されます。
～の（3 課）	- 의	친구의 차　友達の車
～を（4 課）	- 을 / 를	책을 읽어요 .　本を読みます。 커피를 마십니다 . コーヒーを飲みます。
～も（2 課）	- 도	이것도 드세요 . これも召し上がってください。
	- 께서도（敬語 13 課）	할아버지께서도 주무십니다 . 祖父もお休みになっています。
～に（9 課）（14 課）	- 에게（対象）	친구에게 전화해요 . 友達に電話します。
	- 한테（対象）	친구한테 전화해요 . 友達に電話します。
	- 께（敬語 13 課）	할머니께 전화드렸어요 . 祖母に電話しました。
①～に ②～に ③～へ / に ④～に / ～につき / 　～で / ～あたり	- 에 ①場所・位置（3 課） ②時・期間（4 課） ③進行の方向（5 課） ④比較・割合の基準 　（12 課）	① 여기에 있어요 . ここにあります。 ② 토요일에 친구를 만나요 . 土曜日に友達に会います。 ③ 학교에 가요 学校へ行きます。 ④ 하나에 100 엔이에요 . 一つで 100 円です。

①～で ②～へ	- (으) 로 ①手段・道具・方法(5課) ②方向（5課）	① 젓가락으로 먹어요. 箸で食べます。 ② 도쿄로 가고 싶어요. 東京へ行きたいです。
～で（9課）	- 에서（場所）	집에서 공부해요. 家で勉強します。
～から～まで（7課）	- 에서 - 까지（場所）	서울에서 부산까지 ソウルから釜山まで
～から～まで（7課）	- 부터 - 까지（時間）	1 시부터 3 시까지 1時から3時まで
～より（15課）	- 보다（比較）	친구는 저보다 키가 커요. 友達は私より背が高いです。
～と（3課）	- 와 / 과 - 하고	우유와 빵　牛乳とパン 빵과 우유　パンと牛乳 오빠하고 언니　兄と姉
～と一緒に（6課）	- 와 / 과 같이 - 하고 같이	우유와 같이 드세요. 牛乳と一緒に召し上がってください。 어머니하고 같이 슈퍼에 가요. 母と一緒にスーパーへ行きます。

文法　문법

あります・います ありますか・いますか	있습니다 있습니까?	第3課
ありません・いません ありませんか・いませんか	없습니다 없습니까?	第3課
あります・います「요体」 ありますか・いますか	있어요 있어요?	第5課
ありません・いません「요体」 ありませんか・いませんか	없어요 없어요?	第5課
敬語　- ㅂ니다体	- (으) 십니다	第13課
敬語　「요体」	- (으) 세요	第13課
敬語　～でいらっしゃる	- (이) 시다	第13課

敬語　過去形	- (으) 셨습니다 / - (으) 셨어요	第 14 課
敬語　特殊な敬語	드시다 , 계시다　など	第 13 課
～けれども・～が	- 지만 / - (이) 지만	第 13 課
こ / そ / あ / ど	이 / 그 / 저 / 어느	第 2 課
～したい　【願望、希望】	- 고 싶다	第 9 課
～しがっている 　　【3 人称の願望、希望】	- 고 싶어하다	第 9 課
～してください【依頼・頼む】	- 아 / 어 주세요	第 12 課
～しに	- (으) 러	第 6 課
～します　意志 ＊未来、推量、婉曲	- 겠	第 9 課
～し始める、～しだす	- 기 시작하다	第 15 課
数詞：漢数詞	일 , 이 , 삼 , 사 , 오・・・	第 10 課
漢数詞を使う助数詞（単位）	일 월 , 이 층 , 삼 번 など	第 10 課
数詞：固有数詞	하나 , 둘 , 셋 , 넷・・・	第 11 課
固有数詞を使う助数詞（単位）	한 시 , 두 개 , 세 마리など	第 11 課
①並列：～て、～くて ②順次動作：～して	- 고	第 6 課
～でした 　　過去形（名詞）	パッチム有　- 이었습니다 /- 이었어요 パッチム無　- 였습니다 /- 였어요	第 14 課
～でした・～ました 　　過去形（用言）	陽母音語幹　- 았습니다 /- 았어요 陽母音以外　- 었습니다 /- 었어요	第 14 課
～でしたか・～ましたか	陽母音語幹　- 았습니까 ?/- 았어요 ? 陽母音以外　- 었습니까 ?/- 었어요 ?	第 14 課
～でしょう？・～よね？【確認】	- 지요 ?	第 11 課
～です	입니다	第 1 課
～です「요体」	- 이에요 / - 예요	第 8 課
～ですか	입니까 ?	第 1 課
～ですか「요体」	- 이에요 ? / - 예요 ?	第 8 課

〜です・〜ます	- ㅂ니다 / - 습니다	第 4 課
〜ですか・〜ますか	- ㅂ니까？/ - 습니까？	第 4 課
〜です・〜ます「요体」	- 아요 / - 어요	第 8 課
〜ですか・〜ますか「요体」	- 아요？/ - 어요？	第 8 課
〜ですし・・・　〜ますし・・・	- 고요	第 14 課
〜ですね・ますね【感嘆・同感】	- 네요	第 11 課
〜ではありません 〜じゃありません	- 이 / 가 아닙니다	第 2 課
〜ではありません 〜じゃありません「요体」	- 이 / 가 아니에요	第 8 課
〜なんですよ	- 거든요	第 15 課
〜ましょう　【勧誘】	- (으) ㅂ시다	第 10 課
〜ましょうか　【勧誘】	- (으) ㄹ까요？	第 10 課
〜ません・〜くありません 否定文（動詞・形容詞）	안 〜 - 지 않습니다	第 7 課
〜ません・〜くありません 否定文（用言）「요体」	- 지 않아요	第 8 課
〜ませんか・〜くありませんか 否定の疑問文（用言）「요体」	- 지 않아요？	第 8 課
もっと	더	第 15 課
〜より少なく	덜	第 15 課

文型に対応する練習問題一覧

課	文型	基礎練習	総合練習	実践練習
1	1. - 은 /- 는	1	5, 6	書く練習 話す練習
	2. - 입니다	2 〜 3		
	3. – (이) 라고 합니다	4		
2	1. 이 / 그 / 저 / 어느	1	4, 5	書く練習 話す練習
	2. - 이 /- 가	2, 3		
	3.- 이 / 가 아닙니다			
3	1. - 에	–	4	書く練習 話す練習
	2. 있습니다	1, 2, 3		
	3. 없습니다			
	4. - 하고 - 와 / 과	–		
4	1. 用言と語幹	1, 2	5, 6	読む練習 話す練習
	2. - ㅂ니다 /- 습니다			
	3. - 을 /- 를	3, 4		
	4. - 에서			
5	1. 있어요	1	3, 4	書く練習 話す練習
	2. 없어요			
	3. – (으) 로	2		
6	1. - 와 / 과 같이・- 하고 같이	1	4, 5	書く練習 話す練習
	2. – (으) 러	2		
	3. - 고	3		
7	1. - 에서 - 까지・- 부터 - 까지	1	3, 4	話す練習
	2. 안・- 지 않습니다	2		

課	文型	基礎練習	総合練習	実践練習
8	1. 요・- 아요 /- 어요	1	4, 5	話す練習
	2. 否定形の「요体」 - 지 않아요・- 지 않아요 ?	2		
	3. - 이에요 /- 예요・- 이에요 ?/- 예요 ?	3		
	4. - 이 / 가 아니에요			
9	1. - 고 싶다	1, 2	5	書く練習 話す練習
	2. - 고 싶어하다	3		
	3. - 들	–		
	4. - 겠	4		
10	1. 漢数詞	1	7, 8	読む練習 話す練習
	2. 月と日の言い方	2		
	3. 漢数詞を使う助数詞（単位）	3		
	4. –（으）ㄹ까요 ?	4		
	5. –（으）ㅂ시다	5		
	* 名詞＋주세요	6		
11	1. 固有数詞	1, 2, 3	6	話す練習
	2. 時間の言い方			
	3. 固有数詞を使う助数詞（単位）			
	4. - 지요 ?	4		
	5. - 네요	5		
12	漢数詞と固有数詞の復習	1	4, 5	読む練習 話す練習
	1. - 에	2		
	2. - 아 / 어 주세요	3		

課	文型	基礎練習	総合練習	実践練習
13	**1.** – （으） 시	1, 2	4	読む練習 話す練習
	2. 特殊な敬語			
	3. – （이） 시다			
	4. - 지만 , - （이） 지만	3		
14	**1.** - 았 /- 었습니다・- 았 /- 었어요	1 ～ 5	6, 7	話す練習
	**2. 名詞の過去　** - 이었습니다 /- 였습니다			
	3. - 고요	–		
15	**1.** 더 / 덜	1	4, 5	話す練習
	2. - 거든요	2		
	3. - 기 시작하다	3		

単語索引

第1課

안녕하십니까 ?	こんにちは
안녕하세요 ?	こんにちは
처음	初めて
뵙겠습니다	お目にかかります
저	わたくし、私
- 은 / 는	〜は
일본	日本
한국	韓国
사람	人
만나서	会って、お会いして
반갑습니다	会えてうれしいです
- 라고 합니다	〜と言います
학교	学校
회사	会社
잘 부탁합니다	よろしくお願いします
우리 나라	我が国
네	はい
띄어쓰기	分かち書き
아버지	父、お父さん
형	兄（男性から）
오빠	兄（女性から）
아이	子ども
친구	友達
방	部屋
들어가다	入る、入っていく
가방	かばん
서울	ソウル
도쿄	東京
고향	故郷、ふるさと
직업	職業

第2課

씨	さん
이	この
제	私の
- 도	〜も
아뇨 ,	いいえ、
- 이 / 가 아닙니다	〜ではありません
중국	中国
중국집	中華料理店
이	こ、この
그	そ、その
저	あ、あの
어느	どの
이것・이거	これ
그것・그거	それ
저것・저거	あれ
어느 것・어느 거	どれ
무엇	何
이건	これは
그건	それは
저건	あれは
짜장면	ジャージャー麺
짬뽕	韓国風チャンポン
아 , 그래요 ?	あ、そうですか
- 이 / 가	〜が
맛있다	おいしい
아주	とても、非常に
볼펜	ボールペン
책	本
노래	歌
이름	名前
의자	椅子
유자차	ゆず茶

주스	ジュース	왼쪽	左
휴대 전화	携帯電話	오른쪽	右
시계	時計	가운데·사이	間
김치	キムチ	안·속	中
오이김치	きゅうりのキムチ	밖	外
나물	ナムル	책상	机
		고양이	猫

第3課

		누나	姉（男性から）
근처	近所、近く	언니	姉（女性から）
- 에	～に、～へ	돈	お金
편의점	コンビニ	우유	牛乳
있습니까?	ありますか、いますか	빵	パン
공원	公園	콘서트	コンサート
고맙습니다	ありがとうございます	티켓	チケット
감사합니다	ありがとうございます	수업	授業
그런데	ところが、ところで	비빔밥	ビビンバ
내일	明日	시장	市場
그저께	一昨日	도서관	図書館
어제	昨日	백화점	デパート
오늘	今日	우체국	郵便局
모레	明後日	서점	書店
시간	時間	병원	病院
지난주	先週	어디	どこ
이번 주	今週	슈퍼	スーパー
다음 주	来週	방	部屋
지난달	先月	침대	ベッド
이번 달	今月	컴퓨터	パソコン、
다음 달	来月		コンピューター
- 하고	～と	텔레비전	テレビ
약속	約束		

주말	週末

第4課

어떻다	どうだ		
어떻습니까?	どうですか	운동	運動
미안합니다	ごめんなさい	운동을 하다	運動をする
없습니다	ありません	- 을 / 를	～を
앞	前	좋아하다	好きだ
뒤	後ろ	싫어하다	嫌いだ
위	上	주로	主に
밑·아래	下	- 에서	～で（場所）
		스포츠센터	スポーツセンター
옆	横、隣	에어로빅	エアロビクス

하지만	しかし	카페	カフェ
보통	普通	분식집	粉食の店、軽食店
아침	朝	라면	ラーメン
점심	昼	김밥	海苔巻き、キンパ
저녁	夕方	같이	一緒に
새벽	明け方	청소를 하다	掃除する
낮	昼間	빨래를 하다	洗濯する
밤	夜	식사를 하다	食事する
오전	午前	말을 하다	言う
오후	午後	이야기를 하다	話をする
월요일	月曜日
화요일	火曜日

第5課

수요일	水曜日	정류장	停留所
목요일	木曜日	저기	あそこ
금요일	金曜日	- 을 / 를 타다	〜に乗る
토요일	土曜日	그리고	そして
일요일	日曜日	우체국	郵便局
무슨 요일	何曜日	어디예요 ?	どこですか
산책을 하다	散歩をする	- 로	〜で（手段、道具）
그래요	そうです	남산서울타워	南山ソウルタワー
몸	体、身体	약속	約束
케이크	ケーキ	조심해서	気をつけて
영화	映画	다녀오세요	いってらっしゃい
시험	試験	젓가락	箸
지하철	地下鉄	지하철	地下鉄
버스	バス	부산	釜山
식당	食堂	우산	傘
있다	ある、いる	고양이	猫
없다	ない、いない	개	犬
짜다	塩辛い	기차	汽車
바쁘다	忙しい	광주	光州
아름답다	美しい	비행기	飛行機
멀다	遠い	미국	アメリカ
가깝다	近い	대학로	大学路
불고기	プルコギ

第6課

술	酒、お酒	일본어	日本語
구두	靴	공부하다	勉強する
영어	英語	- 에 다니다	〜に通う
어머니	母、お母さん	- 에 살다	〜に住む
드라마	ドラマ

- 도	～も
이번	今回
-(으)러	～しに
- 까지	～まで
KTX	韓国の高速鉄道
바다	海
산	山
보다	見る
- 고	～て
회	刺身
그리고	そして
쇼핑	ショッピング、買い物
기다려집니다	待ち遠しいです
여동생	妹
영화	映画
영화관	映画館
줍다	拾う
도토리	どんぐり
뉴스	ニュース
커피	コーヒー
제주도	済州島
대전	大田
숙제	宿題
손	手
씻다	洗う
샌드위치	サンドイッチ
남자 친구	彼氏
선물	プレゼント
학원	学院、塾
점심	昼食、昼
경영	経営
고속버스	高速バス
여름 휴가	夏の休暇

第 7 課

우리	私たち
먼저	まず、先に
서면	西面（釜山にある町）
어떻게	どうやって
지금	今
길	道
막히다	詰まる、通れない
빠르다	速い
보이다	見える（自発）
- 부터	～から
안 갑니다	行きません
오후	午後
해운대	海雲台
롯폰기	六本木
후지산	富士山
스카이트리	スカイツリー

第 8 課

취미	趣味
- 예요 ?	～ですか
사진	写真
찍다	撮る
사진 찍기	写真を撮ること
독서	読書
- 이에요 /- 예요	～です
- 은요 ?/- 는요 ?	～は？
인터넷 게임	インターネットゲーム
해요	します
언제	いつ
북한산	北漢山
자연	自然
거기서	そこで
꽃	花
잡지	雑誌
- 이 / 가 아니에요	～ではありません
서다	立つ
배우다	習う、学ぶ
마시다	飲む
되다	なる
보내다	送る
세다	数える
잡채	チャプチェ
듣다	聞く、聴く
조용하다	静かだ
지하철역	地下鉄の駅

모자	帽子
영화 감상	映画鑑賞
액션 영화	アクション映画
프랑스	フランス
피아노	ピアノ

第9課

봄	春
여름	夏
가을	秋
겨울	冬
춘하추동	春夏秋冬
휴가	休暇
다음 주	来週
다다음주	再来週
때	～の時
뭐	なに、何
고향	故郷、ふるさと
가족	家族
- 을 / 를 만나다	～に会う
- 고 싶어요	～したいです
아무 데도	どこへも、どこにも
집	家
쉬다	休む
그럼	それなら、では
- 와 / 과 함께	～と一緒に
- 와 / 과 같이	～と一緒に
고마워요	ありがとうございます
그냥	ただ、ただ単に
쉬겠어요	休みます
- 에게	（人）に
한국말	韓国語
취직하다	就職する
돈	お金
빌리다	借りる
손님	客、お客さん
손님들	お客さんたち
놀다	遊ぶ
공장	工場
생산하다	生産する

제품	製品
우리들	私たち
연락하다	連絡する
정도	程度、くらい
충분하다	十分だ、充分だ
알겠습니다	分かりました
역사	歴史
안내하다	案内する
자전거	自転車
여행	旅行
여행을 가다	旅行に行く
놀이공원	遊園地
김치찌개	キムチチゲ
가장	最も、一番
1,000 만엔	一千万円
쉬는 날	休みの日

第10課

시계	時計
얼마예요 ?	いくらですか
가게	店、お店
어때요 ?	どうですか
멋있다	かっこいい
생일	誕生日
선물	プレゼント
점원	店員
저기요	お店で店員を呼ぶ時
25 만원	25 万ウォン
주세요	ください
커피숍	コーヒーショップ
언제	いつ
파티	パーティー
전화번호	電話番号
공	空（数字の０）
영	零（数字の０）
몇	いくつ、何～
며칠	何日
학년	学年
월	月（1月、2月…）
일	日（1日、2日…）

년	年（○○年）	꽃집	花屋
번	～番（番号）	시	～時
층	～階	진료하다	診療する
분	～分（時間）	잠깐만요	ちょっと待ってください
초	～秒	- 지요？	～ですよね？
인분	～人前、～人分		～でしょ？
미터	～メートル	휴진	休診
킬로	～キロ（キログラム）	어쩔 수 없네요	仕方ないですね
그램	～グラム	몇 시	何時
저녁	夕食、晩御飯、夕方	몇 시간	何時間
음식	料理、食べ物	명	～名
생일 파티	誕生日パーティー	살	～歳
주말	週末	번	～回
놀러 가다	遊びに行く	개	～個
물	水	잔	～杯（グラス、コップ）
냉면	冷麺	그릇	～杯（器）
- 하고	～と	병	～本（瓶）
만두	餃子、肉まん	자루	～本（細長いもの）
연락	連絡	대	～台
저거	あれ	권	～冊
치마	スカート	장	～枚
요금	料金	마리	～匹
화장실	トイレ	송이	～輪（花）
원피스	ワンピース	켤레	～足
반지	指輪	벌	～着（洋服）
국어사전	国語辞典	연세	お年
입장료	入場料	나이	年（年齢）
정기권	定期券	과자	お菓子
교실	教室	소주	焼酎
교과서	教科書	맥주	ビール
수족관	水族館	국밥	クッパ
		떡볶이	トッポッキ
		연필	鉛筆

第 11 課

치과	歯科、歯医者	자전거	自転車
왜요？	どうしてですか	노트	ノート
이	歯	백합	百合の花
사랑니	親知らず	장미	バラの花
아프다	痛い	양말	靴下
아프겠어요	痛そうですね	양복	スーツ
약국	薬局	시험	試験

비	雨
눈	雪
바람	風
불다	吹く
노트북	ノートパソコン
매일	毎日
아르바이트	アルバイト
하루	一日

第 12 課

사과	りんご
청과물 가게	青果店、八百屋
점원	店員
딸기	いちご
바구니	カゴ（籠）
깎다	値引く、剥く、削る
깻잎	えごまの葉
묶음	～束
장	～枚
정도	程度、くらい
여기 있습니다	ここにあります
모두	全部、すべて、みんな
또 오세요	またお越しください
서울역	ソウル駅
선배님	先輩
여러분	皆さん、皆様
귤	みかん
토마토	トマト
야구공	野球ボール
축구공	サッカーボール
호텔	ホテル
숙박비	宿泊費
숙박하다	宿泊する
3박 4일	3泊4日
부침개	チヂミ
포장하다	包装する、包む
메일	メール
시간이 걸리다	時間がかかる
공항철도	空港鉄道
입장료	入場料

어른	大人
초등학생	小学生
유아	乳児
아기	赤ちゃん
무료	無料
입구	入り口
주차장	駐車場
주차	駐車
요금	料金
자동차	自動車、車
승용차	乗用車
세우다	止める
단체	団体
우유	牛乳
신문	新聞
잡지	雑誌
과자	お菓子
삼각김밥	おにぎり
음료수	飲料水、飲み物
녹차	緑茶
도시락	弁当
교통카드	交通カード
충전	充電、チャージ

第 13 課

교수	教授
퇴임식	退任式
이따가	後で、後ほど
함께	一緒に、共に
출발하다	出発する
선물	プレゼント
전해 주세요	伝えてください
	渡してください
그런데	ところで、ところが
그렇군요	そうなんですね
앉다	座る
찾다	探す
할아버지	おじいさん、祖父
할아버님	할아버지より尊敬形
할머니	おばあさん、祖母

할머님	할머니より尊敬形	휴일	休日
드시다	召し上がる	시험	試験
잡수시다	召し上がる	나가다	出かける
계시다	いらっしゃる	숙제	宿題
주무시다	お休みになる	게임	ゲーム
편찮으시다	お加減が悪い	자기 일	自分のやること
돌아가시다	亡くなる		
말씀하시다	おっしゃる		**第 14 課**
드리다	差し上げる	독일	ドイツ
- 께서	〜が の尊敬形	라인강	ライン川
- 께서는	〜は の尊敬形	- 한테	(人) 〜に
- 께서도	〜も の尊敬形	주세요	あげてください
- 께	〜に の尊敬形	- 의	〜の
말씀	おことば	공예품	工芸品
댁	お宅、ご自宅	동안	(時間) 〜の間
진지	お食事	다녀오다	行って来る
연세	お年、ご年齢	어땠어요 ?	どうでしたか
성함	お名前	날씨	天気
분	方（かた）	아주	とても、すごく
생신	お誕生日	매우	とても、非常に
부모님	ご両親	특히	特に
저	わたくし	아름답다	美しい
제가	わたくしが	그랬군요	そうだったんですね
저희	わたくしども	나중에	後で、後ほど
건강하다	健康だ	누구	だれ、どなた
IT 기업	IT 企業	기자	記者
아무도	だれも、どなたも	쉽다	易しい、簡単
아무것도	何も	가격	価格、値段
일본 분	日本の方	교토	京都
선생님	先生	한국어 교실	韓国語教室
피곤하다	疲れる	일본 요리	日本料理
월급날	給料日	목욕탕	銭湯
연휴	連休	프린트	プリント
도로	道路	미국	アメリカ
별로	あまり	전주비빔밥	全州ビビンバ
아들	息子	베트남	ベトナム
과장님	課長	다낭	ダナン（ベトナムの都市）
출장	出張	친절하다	親切だ
튼튼하다	丈夫だ	주인공	主人公
전혀	全然	즐겁다	楽しい

신나다	うきうきする、わくわくする、テンションがあがる	감기에 걸리다	風邪をひく
결혼식	結婚式	내리다	降る
멋있다	かっこいい	눈이 내리다	雪が降る
신부	新婦	기타	ギター
나라	国	밥	ごはん

第 15 課

한국어 / 한국말	韓国語
일본어 / 일본말	日本語
중국어 / 중국말	中国語
잘하다	上手だ
아직	まだ
잘	よく、十分に
못하다	できない、下手だ 上手ではない
- 보다	～より
더	もっと
덜	～より少ない、まだ～
- 만	～だけ、～のみ
평일	平日
있거든요	あるんですよ
요즘	最近、近頃
시작하다	始める
너무	とても（～すぎる）
어렵다	難しい
배우다	習う
우리	私たち、私
다음에	今度、次に、次の機会に
파이팅！	ファイト！ 頑張ろう！ 頑張って！
공항	空港
일기	日記
배추김치	白菜キムチ
오이김치	きゅうりキムチ
노래	歌
외국	外国
외롭다	寂しい
감기	風邪

金貞婀（キム ジョンア）

東京外国語大学外国語学部卒業。東京外国語大学院地域文化研究科卒業（修士号取得）。韓国貿易協会、ロッテ（韓国）など多数の日韓企業のビジネス通訳翻訳、官公庁（出入国在留管理庁など）や企業、カルチャーセンターなどで韓国語講師をしながら韓国語学習者が効率よく韓国語を学べるようにサポート。
現在は専門学校 デジタル＆ランゲージ 秀林で韓国語と日本語を教えながら、目的にあった外国語学習方法を研究している。
著書：『すぐに使える シゴトの韓国語』『レベルアップ シゴトの韓国語』（共著、三修社）

音声ダウンロード・ストリーミング

① PC・スマートフォンで本書の音声ページにアクセスします。
　https://www.sanshusha.co.jp/np/onsei/isbn/9784384050929/

② シリアルコード「05092」を入力。

③ 音声ダウンロード・ストリーミングをご利用いただけます。

実践韓国語トレーニング　初級編

2023 年 6 月 10 日　第 1 刷発行

監修者	専門学校 デジタル＆ランゲージ 秀林
著　者	金貞妸
発行者	前田俊秀
発行所	株式会社三修社

〒 150-0001　東京都渋谷区神宮前 2-2-22
TEL 03-3405-4511　FAX 03-3405-4522
振替 00190-9-72758
https://www.sanshusha.co.jp
編集担当　斎藤俊樹

印刷製本　日経印刷株式会社

©2023 Printed in Japan　ISBN978-4-384-05092-9 C1087

編集協力	金容権　岡野多恵
装幀・本文デザイン	合原孝明（ThrustBee Inc.）
イラスト	立澤あさみ
ＤＴＰ	株式会社スマートゲート
音声収録	有限会社スタジオグラッド

別冊

解答例
聞く練習のスクリプト
本文の日本語訳

第1部の解答例

第2部の解答例

本文の日本語訳

三修社

第1部の解答例

入門・第2課　基本母音　練習

4. 🔊03 (p.12)
   ① 야　　② 어　　③ 아어　　④ 어이　　⑤ 유이　　⑥ 요으

6. 🔊05 (p.13)
   ① 우유　　② 아야　　③ 오이　　④ 여유　　⑤ 여우　　⑥ 유아

入門・第3課　子音

가．基本子音：平音　練習

4. 🔊08 (p.16)　① 다리　　② 구두　　③ 우리　　④ 이사　　⑤ 바지
   ⑥ 자리　　⑦ 허리　　⑧ 두부　　⑨ 고구마

7. 🔊10 (p.17)　① 머리　　② 보기　　③ 두부　　④ 가자　　⑤ 소나기　　⑥ 무료

나．基本子音：激音（吐き出す音）　練習 (p.19)

2. 🔊12　① 차도　　② 치마　　③ 기차　　④ 쿠키　　⑤ 커피　　⑥ 노트
   ⑦ 도토리　　⑧ 파리　　⑨ 피자

5. 🔊14　① 포도　　② 기자　　③ 코피

다．子音：濃音（詰まる音）　練習 (p.21)

2. 🔊16　① 쏘다　　② 아빠　　③ 가짜　　④ 싸다　　⑤ 뻐꾸기　　⑥ 토끼
   ⑦ 짜다　　⑧ 찌다　　⑨ 뿌리

5. 🔊18　① 쓰다　　② 부리　　③ 찌다

入門・第4課　合成母音　練習 (p.25)

4. 🔊21　① 에　② 와　③ 귀　④ 째　⑤ 휘　⑥ 뤼

入門・第5課　パッチム　練習 (p.31)

2. 🔊29　① 밖　② 골　③ 딸　④ 집　⑤ 강　⑥ 원

3. 🔊30　①金：김　②鉄：철　③福：복　④空港：공항　⑤観光：관광
   ⑥ドア、門：문　⑦学生：학생　⑧出発：출발　⑨ダンス：댄스
   ⑩クラシック：클래식

2

日本語（カナ）のハングル表記 **練 習** (p.33)

1. ① 하야시　② 다나카　③ 도쿄　④ 삿포로　⑤ 센다이
　 ⑥ 효고　⑦ 오사카　⑧ 벳푸　⑨ 구사쓰　⑩ 가나가와

2. ① 와타시와 온센가 도테모 스키데스 .
　 ② 온센와 기모치가 오치쓰이테 리랏쿠스데키마스 .
　 ③ 소시테 가라다니모 이데스 .
　 ④ 니혼니와 유메나 온센가 다쿠산 아리마스 .
　 ⑤ 하코네 , 구사쓰 , 게로 , 아리마 나도
　 ⑥ 미나산모 윳쿠리 온센니 쓰캇테미마센카 .

3. 解答例　① 名前：스즈키 유미
　　　　　② 住所：도쿄토 고토쿠 오지마　　最寄り駅名：가메이도 에키

第 2 部の解答例

第 1 課 　**文型練習**　p.43 〜 45

1. ① 학교 (는)　② 회사 (는)　③ 사람 (은)　④ 한국 (은)　⑤ 일본 (은)
　 ⑥ 교사 (는)　⑦ 아이 (는)　⑧ 서울 (은)

2. ① 저는 대학생입니다 .　② 저는 교사입니다 .　③ 저는 은행원입니다 .
　 ④ 저는 주부입니다 .　⑤ 저는 한국 사람입니다 .

3. ① 도쿄는 처음입니다 .　② 아버지는 공무원입니다 .　③ 형은 가수입니다 .
　 ④ 직업은 의사입니다 .　⑤ 친구는 경찰입니다 .

4. ① 하야시 아야카라고 합니다 .　② 김수철이라고 합니다 .

5. 🔊 34　① 만나서 (반갑습니다).　② 고향은 (도쿄) 입니다 .
　　　　　③ 수미 씨 (는) (회사원입니까) ?

6. 解答例　① 다나카 히로유키라고 합니다 .
　　　　　② 저는 학생입니다 .　③ 일본 사람입니까 ?

第 2 課 　**文型練習**　p.52 〜 53

1. ① 가 : 이것은 무엇입니까 ?　　나 : 유자차입니다 .
　 ② 가 : 그것은 무엇입니까 ?　　나 : 주스입니다 .

2. ① 저는 한국 사람이 아닙니다 .　② 제 친구가 아닙니다 .
　 ③ 그 사람은 학생이 아닙니다 .　④ 이것은 휴대 전화가 아닙니다 .
　 ⑤ 그건 짜장면이 아닙니다 .

3 . ① 그것은 (그건) 시계가 아닙니까 ?　　② 그 사람은 의사가 아닙니까 ?
　　③ 이 학생은 중국 사람이 아닙니까 ?　　④ 친구는 유학생이 아닙니까 ?
　　⑤ 이것은 (이건) 주스가 아닙니까 ?

4 . 🔊 37　　① 다나카 씨도 (학생입니까)?
　　　　　　　② 아뇨 , (한국) (사람이) (아닙니다).　③ 저 사람은 가수가 (아닙니까) ?
　　　　　　　④ 그것은 (무엇입니까) ?　　　　　　⑤ 네 , 아주 (맛있습니다).

5 . ① 친구는 일본 사람입니다 .　　　② 이것도 오이김치입니까 ?
　　③ 다나카 씨는 유학생이 아닙니까 ?　④ 아버지는 일본 사람이 아닙니다 .
　　⑤ 짜장면이 맛있습니까 ?

第 3 課 　文型練習　 p.60 〜 62

1 . ① 있습니다 .　　② 있습니까 ?　　③ 있습니다 .　　④ 있습니다 .
　　⑤ 없습니다 .　　⑥ 없습니다 .　　⑦ 없습니까 ?　　⑧ 없습니까 ?

2 . ① 가 : 근처에 　도서관　 이 　있습니까 ?　　　나 : 네 , 　있습니다 .　
　　② 가 : 근처에 　백화점　 이 　있습니까 ?　　　나 : 아뇨 , 　없습니다 .　
　　③ 가 : 학교 앞에 　우체국　 이 　있습니까 ?　　나 : 아뇨 , 　없습니다 .　
　　④ 가 : 편의점 옆에 　서점　 이 　있습니까 ?　　나 : 네 , 　있습니다 .　

3 . ① 　근처에 병원이 있습니까 ?　　② 　학교 옆에 도서관이 있습니다 .
　　③ 　학교에 중국 사람은 없습니다 .　④ 　유미 씨는 어디에 있습니까 ?

4 . 🔊 40
　　① 근처에 슈퍼가 (있습니까)?　　　② 네 , 서점 (옆에) (있습니다).
　　③ 유미 씨 내일 (시간이) (있습니까) ?　④ 미안합니다 . (시간이) (없습니다).

第 4 課 　文型練習　 p.69 〜 72

1 . 次の形容詞を適切な形に変えなさい。

形容詞	語幹	ㅂ / 습니다	ㅂ / 습니까 ?
① 크다 （大きい）	크	큽니다	큽니까 ?
② 예쁘다 （かわいい）	예쁘	예쁩니다	예쁩니까 ?
③ 비싸다 （(値段が) 高い）	비싸	비쌉니다	비쌉니까 ?
④ 작다 （小さい）	작	작습니다	작습니까 ?
⑤ 재미있다 （面白い）	재미있	재미있습니다	재미있습니까 ?
⑥ 아름답다 （美しい）	아름답	아름답습니다	아름답습니까 ?
⑦ 짧다 （短い）	짧	짧습니다	짧습니까 ?
⑧ 길다 （長い）	길	깁니다	깁니까 ?
⑨ 멀다 （遠い）	멀	멉니다	멉니까 ?

2．次の動詞を適切な形に変えなさい。

動詞	語幹	ㅂ / 습니다	ㅂ / 습니까?
① 가다（行く）	가	갑니다	갑니까?
② 타다（乗る）	타	탑니다	탑니까?
③ 마시다（飲む）	마시	마십니다	마십니까?
④ 주다（あげる、くれる）	주	줍니다	줍니까?
⑤ 쓰다（使う、書く、かぶる）	쓰	씁니다	씁니까?
⑥ 먹다（食べる）	먹	먹습니다	먹습니까?
⑦ 닦다（拭く、みがく）	닦	닦습니다	닦습니까?
⑧ 읽다（読む）	읽	읽습니다	읽습니까?
⑨ 하다（する）	하	합니다	합니까?
⑩ 일하나（仕事する、働く）	일하	일합니다	일합니까?
⑪ 공부하다（勉強する）	공부하	공부합니다	공부합니까?
⑫ 운동하다（運動する）	운동하	운동합니다	운동합니까?
⑬ 사랑하다（愛する）	사랑하	사랑합니다	사랑합니까?
⑭ 알다（知る） ＊ㄹ語幹	알	압니다	압니까?
⑮ 만들다（作る） ＊ㄹ語幹	만들	만듭니다	만듭니까?
⑯ 살다（住む） ＊ㄹ語幹	살	삽니다	삽니까?

3．① 불고기 (를) 만듭니다 .　② 술 (을) 마십니다 .
　③ 친구 (를) 만납니다 .　④ 한국말 (을) 공부합니다 .　⑤ 버스 (를) 탑니다 .

4．① 가 : 어디에서 점심을 먹습니까 ?　나 : 식당에서 먹습니다 .
　② 가 : 어디에서 영어를 공부합니까 ?　나 : 학교에서 공부합니다 .
　③ 가 : 무엇을 탑니까 ?　나 : 지하철을 탑니다 .
　④ 가 : 누구를 만납니까 ?　나 : 어머니를 만납니다 .

5．① 어디에서 운동을 합니까 ?　② 백화점에서 구두를 삽니다 .
　③ 한국 드라마를 좋아합니다 .　④ 카페에서 커피를 마십니다 .

6．🔊 43　① 수진 씨는 운동을 (좋아합니까)?
　② 어디에서 (가방을) (삽니까)?
　③ 주로 (주말에) (한국말을) (공부합니다) .
　④ (하지만) (보통) (아침에) (운동합니다) .

読む練習　① (주로) 주말에 만납니다 .　② 라면과 김밥을 좋아합니다 .
　③ 아뇨 , (라면을) 싫어합니다 .　④ 일본어를 공부합니다 .

第 5 課　文型練習　p.77 ～ 78

1．① 우산은 책상 옆에 있어요．　② 가방은 의자 앞에 있어요．

　　③ 책이 있어요．　④ 책상 밑 (또는 아래) 에 있어요．　⑤ 아뇨 , 없어요．

2．① 나 : 젓가락으로 먹습니다．　② 나 : 광주로 갑니다．

3．① 학교 앞에 있어요 ./ 있습니다．　② 비행기로 미국에 갑니다．

　　③ 여기에는 편의점이 없어요 . / 없습니다．

　　④ 주말에 대학로에서 약속이 있어요 . / 있습니다．

4．🔊46　① 지하철역은 (어디에) (있어요)?

　　　　　② 그런데 (지하철로) (어디에) (갑니까) ?

　　　　　③ 유미 씨 주말에 (약속이) (있어요) ?

　　　　　④ (조심해서) (다녀오세요)．

書く練習　解答例

・우리 회사 오른쪽에 편의점이 있어요 . 그리고 뒤에는 병원과 약국이 있어요．

・우리집 앞에 공원하고 도서관이 있어요 . 근처에 편의점은 없어요．

第 6 課　文型練習　p.83 ～ 85

1．① 남동생과 같이 술을 마십니다．　② 샌드위치는 커피와 같이 먹습니다．

　　③ 남자 친구와 같이 영화를 봅니다．　④ 선생님과 같이 공부합니다．

2．① 선물을 사러 백화점에 갑니다．　② 영어를 배우러 학원에 다닙니다．

　　③ 점심을 먹으러 집에 옵니다．　④ 공부하러 도서관에 갑니다．

3．① 영화를 보고 커피를 마시러 갑니다．　② 숙제를 하고 텔레비전을 봅니다．

　　③ 저녁을 먹고 술을 마십니다．　④ 청소하고 요리하고 빨래합니다．

4．① 수진 씨는 대학교에서 경영을 공부합니다．　② 광주에 친구가 삽니다．

　　③ 영화를 보러 영화관에 갑니다．　④ 대전까지는 고속버스로 갑니다．

5．🔊49　① 유미 씨는 (회사에) (다닙니다)．

　　　　　② 주말에 (친구를) (만나러) (부산에) (갑니다)．

　　　　　③ 제주도에서 (회를) (먹고) 바다도 봅니다．

　　　　　④ 여름 휴가가 (기다려집니다)．

第 7 課　文型練習　p.91 ～ 92

1．① 집에서 학교까지 버스로 갑니다．　② 아침부터 저녁까지 공부합니다．

　　③ 오전부터 수업이 있습니다 . (있어요)　④ 여기에서 멉니다．

　　⑤ 월요일부터 금요일까지 일합니다．

２．次の動詞や形容詞を否定文に変えなさい。

	안 - ㅂ / 습니다	- 지 않습니다
① 가다（行く）	안 갑니다	가지 않습니다
② 오다（来る）	안 옵니다	오지 않습니다
③ 마시다（飲む）	안 마십니다 .	마시지 않습니다
④ 먹다（食べる）	안 먹습니다	먹지 않습니다
⑤ 사다（買う）	안 삽니다	사지 않습니다
⑥ 읽다（読む）	안 읽습니다	읽지 않습니다
⑦ 살다（住む、暮らす）＊ㄹ語幹	안 삽니다	살지 않습니다
⑧ 일하다（仕事する、働く）	일 안 합니다	일하지 않습니다
⑨ 운동하다（運動する）	운동 안 합니다	운동하지 않습니다
⑩ 크다（大きい）	안 큽니다	크지 않습니다
⑪ 작다（小さい）	안 작습니다	작지 않습니다
⑫ 예쁘다（かわいい）	안 예쁩니다	예쁘지 않습니다
⑬ 멀다（遠い）＊ㄹ語幹	안 멉니다	멀지 않습니다

３．① 여기에서 롯폰기까지 어떻게 갑니까 ?　　② 버스에서 바다가 보입니다 .
　　③ 여기에서는 후지산이 안 보입니다 . / 보이지 않습니다 .
　　④ 쇼핑하러 어디에 갑니까 ?

４．🔊52
　　① 전철이 (빠릅니다).　　　　　② (버스에서) 스카이트리가 (보입니까) ?
　　③ 이번 주는 (안) (바쁩니다) .　　④ (여기에서) (집까지) (멀지) (않습니다) .

第8課　文型練習　p.99 ～ 101

１．次の動詞・形容詞を「요体」に変えなさい。

動詞・形容詞	語幹	- 아요 / - 어요
① 사다（買う）	사	사요
② 보다（見る）	보	봐요
③ 가르치다（教える）	가르치	가르쳐요
④ 비우다（空ける）	비우	비워요
⑤ 만들다（作る）	만들	만들어요
⑥ 읽다（読む）	읽	읽어요
⑦ 뵈다（お目にかかる）＊縮約	뵈	봬요
⑧ 내다（出す）＊縮約	내	내요
⑨ 일하다（仕事する、働く）	일하	일해요
⑩ 사랑하다（愛する）	사랑하	사랑해요

⑪ 많다 （多い）	많	많아요
⑫ 멀다 （遠い）	멀	멀어요
⑬ 비싸다 （価格が高い）	비싸	비싸요
⑭ ＊ㅂ変則　맵다 （辛い）	맵	매워요
⑮ ＊으変則　예쁘다 （きれいだ）	예쁘	예뻐요
⑯ ＊ㄷ変則　듣다 （聞く）	듣	들어요

２．次の動詞・形容詞を否定形に変えなさい。

動詞・形容詞	- 지 않아요	안 - 　（요体）
① 먹다 （食べる）	먹지 않아요	안 먹어요
② 쓰다 （書く、使う）	쓰지 않아요	안 써요
③ 마시다 （飲む）	마시지 않아요	안 마셔요
④ 일하다 （働く、仕事する）	일하지 않아요	일 안 해요
⑤ 살다 （住む、暮らす）	살지 않아요	안 살아요
⑥ 세다 （数える、強い）	세지 않아요	안 세요
⑦ 춥다 （寒い）　　＊ㅂ変則	춥지 않아요	안 추워요
⑧ 멀다 （遠い）	멀지 않아요	안 멀어요
⑨ 크다 （大きい）　＊으語幹	크지 않아요	안 커요
⑩ 조용하다 （静かだ）	조용하지 않아요	안 조용해요

３．次の名詞を「- 이에요 / - 예요」と「- 이 / 가 아니에요」にしなさい。

動詞	- 이에요 / - 예요	- 이 / 가 아니에요
① 학생 （学生）	학생이에요	학생이 아니에요
② 공무원 （公務員）	공무원이에요	공무원이 아니에요
③ 친구 （友達）	친구예요	친구가 아니에요
④ 가방 （かばん）	가방이에요	가방이 아니에요
⑤ 교과서 （教科書）	교과서예요	교과서가 아니에요
⑥ 지하철역 （地下鉄の駅）	지하철역이에요	지하철역이 아니에요
⑦ 일본 사람 （日本人）	일본 사람이에요	일본 사람이 아니에요
⑧ 제 모자 （私の帽子）	제 모자예요	제 모자가 아니에요

４．① 제 취미는 영화 감상이에요 . 액션 영화를 좋아해요 .
　　② 가족은 미국에 살아요 . 저는 혼자서 서울에 살아요 .
　　③ 내년에 프랑스에 가요 . 그래서 프랑스어를 배워요 .
　　④ 집 밖은추워요 . 하지만 집 안은 춥지 않아요 . / 안 추워요 .
　　⑤ 저는 일본 사람이에요 . 친구는 일본 사람이 아니에요 . 중국 사람이에요 .

5. 🔊 55 ① 저는 주말에 (공원을) (산책해요).
② 내일은 (운동) (안) (해요).
③ 이 음식은 (짜요)? (짜지) (않아요)?
④ (요즘) (피아노를) (배워요).

第9課 　文型練習　 p.108 ～ 109

1. ① 이 영화를 보고 싶어요.　　　　② 불고기를 먹고 싶어요.
③ 그 사람과 술을 마시고 싶지 않아요.　④ 영희 씨 프랑스에 가고 싶어요?

2. ① 어머니를 만나고 싶어요.　　　　② 집에서 쉬고 싶어요.
③ 解答例 : 아사쿠사를 안내하고 싶어요.

3. ① 동생은 자전거를 갖고 싶어해요.　② 유미 씨는 여행을 가고 싶어해요.
③ 친구는 회사에 가고 싶어하지 않아요.　④ 아이가 놀이공원에 가고 싶어해요?

4. ① 오늘은 제가 (내가) 김치찌개를 만들겠어요.
② 토요일은 집에서 책을 읽겠어요.

5. 🔊 58 ① 언제부터 (여름) (휴가입니까)?
② 다음 주 (화요일)부터 (목요일) 까지 쉬어요.
③ 연예인을 (만나고) (싶어요).
④ (그냥) (집에서) (공부하겠어요).

書く練習　 解答例

① 이번 주말에 한국어 공부를 하겠어요.
② 다음 달에 한국에 가겠어요.　③ 내일 친구를 만나겠어요.

第10課 　文型練習　 p.118 ～ 120

1. ① 삼십사　② 백오십구　③ 이백칠십이　　④ 사천팔백육십삼
⑤ 칠만 오천구백팔십일　⑥ 십팔만 구천오백　⑦ 육백구십사만 칠백

2. ① 일월 일 일　　② 이월 십사 일　　　③ 삼월 삼십일 일
④ 시월 십육 일　　⑤ 유월 십구 일　　　⑥ 십이월 이십오 일

3. ① 팔 층　② 칠백이십구 번　③ 이십오 미터　④ 사십칠 분
⑤ 칠천오백구십 원　　　　⑥ 解答例 : 이천이십삼 년
⑦ 공구공의 칠삼이오의 구공일사

4. ① 같이 영화를 볼까요?　② 여기에서 쉴까요?　③ 무엇을 먹을까요?
④ 서울에서 살까요?　⑤ 전화번호를 알려줄까요?

5. ① 식사합시다.　　　② 청소합시다.　　　③ 같이 케이크를 만듭시다.
④ 노래를 들읍시다.

6. ① 물 주세요 .   ② 냉면하고 만두 주세요 .   ③ 연락 주세요 .
   ④ 저거 주세요 .

7. ① 생일이 언제예요 ?   ② 이 가방 , 얼마예요 ?
   ③ 같이 한국에 갈까요 ?   ④ 커피 주세요 .   ⑤ 파티합시다 .

8. 🔊 64   ① 이 치마 (어때요) ?
         ② 버스 요금이 (얼마예요) ?
         ③ 수미 씨는 (몇) (층에) (살아요) ? .
         ④ 제 전화번호는 (공일칠) (삼오구오) (팔육육이) 예요 .
         ⑤ 유미 씨 생일은 (시월) (삼십일) (일) 이에요 .
         ⑥ 주말에 놀이공원에 (놀러) (갑시다) .

読む練習

   ① 6 월 18 일이에요 . / 유월 십팔 일이에요 .
   ② 토요일이에요 .   ③ 5 층에 있어요 . / 오 층에 있어요 .

第 11 課   文型練習 p.127 ～ 128

1. ① 하나 둘 셋 넷 다섯 여섯 일곱 여덟 아홉 열
   ② 서른네 살   ③ 스물네 시간   ④ 두 잔   ⑤ 서른여덟 권
   ⑥ 解答例 : 열두 명입니다 .   ⑦ 다섯 시 사십오 분

2. ① 아홉 시예요 .   ② 열두 시 십 분이에요 .
   ③ 네 시 반이에요 .   ④ 오후 여섯 시예요 .

3. ① 아침 열 시부터 열한 시 사십오 분까지 공부해요 .
   ② 오후 일곱 시까지예요 .   ③ 저녁 여덟 시부터예요 .

4. ① 내일은 같이 먹지요 ?   ② 이 케이크 , 맛있지요 ?
   ③ 일요일에 미국에 가지요 ?   ④ 일본 사람이지요 ?   ⑤ 이 치마 , 예쁘지요 ?

5. ① 김치가 맵네요 .   ② 한국 음식을 잘 먹네요 .
   ③ 밖에 눈이 오네요 .   ④ 바람이 부네요 .   ⑤ 노트북이네요 .

6. 🔊 69

> スクリプト : 저는 유학생입니다 . 월요일과 화요일 , 금요일은 아침 9 시부터 수업이 있습니다 . 수요일과 목요일은 아침 10 시 40 분부터입니다 . 그리고 토요일은 오후 1 시에 수업이 있습니다 . 주말은 저녁 7 시부터 10 시까지 아르바이트를 합니다 .
> 오늘은 화요일입니다 . 오늘은 오후 3 시까지 수업입니다 . 오늘은 친구와 영화를 보러 갑니다 . 3 시 30 분에 학교 앞에서 만납니다 .

① 네 , 매일 있어요 .   ② 아침 9 시부터 수업이에요 .   ③ 오후 3 시까지예요 .
④ 주말에 해요 .   ⑤ 화요일이에요 .   ⑥ 3 시 30 분에 (학교 앞에서) 만나요 .

第 12 課 　文型練習 　p.135 ～ 137

1. ① 육천구백 원　② 여덟 명　③ 다섯 개
　④ 네 잔　⑤ 삼십삼 미터　⑥ 두 마리

2. ① 사백 원이에요 . / 400 원이에요 .　② 사십이에요 . / 40 이에요 .
　③ 천삼백 원이에요 . / 1,300 원이에요 .　④ 칠만 원이에요 . / 70,000 원이에요 .

3. ① 부침개를 만들어 주세요 .　② 이름을 말해 주세요 .
　③ 포장해 주세요 .　④ 메일을 보내 주세요 .

4. ① 좀 비싸네요 .　② 좀 깎아 주세요 .
　③ 사과 3 개하고 딸기 1 바구니 주세요 .
　④ 여기 있습니다 . 모두 8,800 원이에요 .
　⑤ 일본어를 (일본말을) 가르쳐 주세요 .

5. 🔊 72

> スクリプト :
> 유미 : 지금 몇 시예요 ?
> 민규 : 9 시예요 . 비행기 시간이 몇 시예요 ?
> 유미 : 오후 2 시예요 . 늦겠어요 .
> 민규 : 괜찮아요 . 9 시 30 분 공항버스를 탑시다 . 2 시간 걸려요 .
> 유미 : 아뇨 , 버스는 늦어요 . 공항철도는 1 시간 30 분 걸려요 .
> 민규 : 하지만 공항철도는 비싸요 .
> 유미 : 그래요 ? 그럼 공항버스로 갑시다 .

① 공항에 가요 .　② 오후 2 시예요 .　③ 공항버스로 갑니다 .
④ 버스가 싸요 .　⑤ 2 시간 걸려요 .

読む練習
　① 26,500 원이에요 .　② (주차장) 오른쪽에 세워요 .
　③ 12,000 원이에요 .　④ 주말에 가요 .

第 13 課 　文型練習 　p.148 ～ 150

1. ① 찾으십니까 ? 찾으세요 ?　② 들으십니까 ? 들으세요 ?
　③ 아십니까 ? 아세요 ?　④ 일하십니까 ? 일하세요 ?
　⑤ 주무십니까 ? 주무세요 ?　⑥ 계십니까 ? 계세요 ?
　⑦ 한국 분이십니까 ? 한국 분이세요 ?
　⑧ 아드님이십니까 ? 아드님이세요 ?

2. ① 어머니께서는 케이크를 만드세요 .　② 먼저 드세요 .
　③ 주말에 무엇을 하십니까 ?　④ 과장님께서는 내일 출장을 가십니다 .
　⑤ 아버지께서는 신문을 읽으세요 .　⑥ 성함이 어떻게 되세요 ?

⑦ 부모님 댁이 머세요 ?

⑧ 할아버지께서는 진지를 드십니다 . / 잡수십니다 .

3 . ① 한국어는 어렵지만 재미있어요 .

② 이 가방은 싸지만 튼튼해요 .

③ 미안하지만 이 반지를 보여 주세요 .

④ 일본 사람이지만 한국어를 아주 잘해요 .

⑤ 떡볶이지만 전혀 안 매워요 .

4 . 🔊 75 ① 일본 분이세요 ?

② 8 월에 한국에 가시지요 ?

③ 할머니께서 진지를 드십니다 .

④ 죄송하지만 전화번호를 가르쳐 주시겠습니까 ?

⑤ 선생님께서는 지금 교실에 안 계십니다 .

読む練習

① 다음 주 수요일이에요 .　　② 밖에서 친구 분을 만나십니다 .

③ 아뇨 , 드라마를 보세요 .　　④ 남동생이 해요 . / 남동생이에요 .

⑤ 아뇨 , 일을 안 하세요 . 쉬세요 .

第 14 課　**文型練習**　p.159 ～ 162

1 . 次の語句を過去形に変えなさい。

① 사다（買う）	샀습니다	샀어요
② 오다（来る）	왔습니다	왔어요
③ 닦다（拭く、磨く）	닦았습니다	닦았어요
④ 만들다（作る）	만들었습니다	만들었어요
⑤ 만나다（会う）	만났습니다	만났어요
⑥ 주다（あげる）	줬습니다 / 주었습니다	줬어요 / 주었어요
⑦ 기다리다（待つ）	기다렸습니다	기다렸어요
⑧ 드시다（召し上がる）	드셨습니다	드셨어요
⑨ 주무시다（お休みになる）	주무셨습니다	주무셨어요
⑩ 좋아하다（好きだ、好む）	좋아했습니다	좋아했어요
⑪ 내다（出す）	냈습니다	냈어요
⑫ 유학생이다（留学生だ）	유학생이었습니다	유학생이었어요
⑬ 친구이다（友達だ）	친구였습니다	친구였어요

2．次の変則活用する用言を過去形に変えなさい。

① 듣다（聞く）ㄷ変則	들었습니다	들었어요
② 낫다（治る）ㅅ変則	나았습니다	나았어요
③ 기쁘다（嬉しい）으語幹	기뻤습니다	기뻤어요
④ 고맙다（ありがたい）ㅂ変則	고마웠습니다	고마웠어요
⑤ 그렇다（そうだ）ㅎ変則	그랬습니다	그랬어요
⑥ 모르다（知らない）르変則	몰랐습니다	몰랐어요
⑦ 줍다（拾う）ㅂ変則	주웠습니다	주웠어요
⑧ 돕다（助ける）ㅂ変則　＊例外	도왔습니다	도왔어요

3．① 언제 친구를 만났어요 ?　② 지난 달에 어디에 가셨어요 ?
　③ 교토 여행은 어땠어요 ?　④ 부모님 생신에 무엇을 드렸어요 ?
　⑤ 작년까지 회사원이셨어요 ?　⑥ 음식은 무엇을 만들었어요 ?
　⑦ 사과는 몇 개 있었어요 ?　⑧ 그 사람은 누구였어요 ?
　⑨ 주말에 무엇을 하셨어요 ?　⑩ 수미 씨 가방이 아니었어요 ?

4．① 작년에 갔어요 .　② 한국어 교실에서 공부했어요 .
　③ 남자 친구하고 봤어요 .　④ 일본 요리를 만들었어요 .

5．① 친구 분을 만나셨습니다 .　② 이 음식을 만드셨습니다
　③ 목욕탕에 가셨습니다 .　④ 처음 드셨습니다 .
　⑤ 저희한테 말씀하셨습니다 .

6．① 이 프린트를 수미 씨에게 / 한테 주세요 / 전해 주세요 .
　② 1 년 동안 미국에서 영어를 공부했어요 .
　③ 특히 전주비빔밥은 아주 / 매우 맛있었어요 .

7． 🔊78

> スクリプト :
> 민규 : 유미 씨 , 방학 때 뭐 했어요 ?
> 유미 : 베트남에 여행을 갔어요 .
> 민규 : 베트남 여행은 처음이었어요 ?
> 유미 : 네 , 처음이었어요 .
> 민규 : 얼마 동안 갔어요 ?
> 유미 : 14 일부터 20 일까지 일주일 동안 다녀왔어요 .
> 민규 : 그래요 ? 베트남은 어땠어요 ?
> 유미 : 아주 좋았어요 . 그리고 재미있었어요 . 특히 다낭은 매우 아름다웠어요 .

① - (네), (처음) 이었어요 .
② - (14 일) 부터 (20 일) 까지 (일주일) (동안) 다녀왔어요 .
③ - (아주) (좋았어요) . (재미있었고요) .
④ - (매우) (아름다웠어요) .

第 15 課 　文型練習　 p.169 ～ 171

1. ① 더　　② 덜　　③ 더　　④ 더　　⑤ 덜

2. ① 날씨가 좋았거든요 .　　　　　　② 내일 한국에 가거든요 .
   ③ 어머니가 일본에 오시거든요 .　　④ 감기에 걸렸거든요 .
   ⑤ 약속이 있거든요 .

3. ① 눈이 내리기 시작했어요 .　　　② 불고기를 만들기 시작했어요 .
   ③ 기타를 배우기 시작했어요 .　　④ 바람이 불기 시작했어요 .
   ⑤ 밥을 먹기 시작했어요 .

4. ① 민규 씨 , 일본어 / 일본말 잘하네요 / 잘하시네요 .
   ② 매일 공부하거든요 .　　　　　　③ 평일에만 아르바이트해요 .
   ④ 피아노를 배우기 시작했어요 .

5. 🔊 81

> スクリプト :
> 왕웨이 : 다나카 씨 한국말을 잘하네요 .
> 다나카 : 고마워요 . 하지만 아직 잘 못해요 .
> 왕웨이 : 아뇨 , 진짜 잘해요 . 언제부터 공부하기 시작했어요 ?
> 다나카 : 6 개월 전부터요 .
> 왕웨이 : 6 개월요 ? 와 진짜 잘하시네요 .
> 다나카 : 아뇨 , 왕웨이 씨도 정말 잘해요 .
> 왕웨이 : 올해 꼭 TOPIK 5 급을 따고 싶어요 .
> 다나카 : 저도요 . 우리 파이팅 !

① 아뇨 , 잘해요 .
② 6 개월 전부터 공부하기 시작했어요 . / 6 개월 전부터요 .
③ TOPIK 5 급을 따고 싶어해요 .

本文の日本語訳

第1課　저는 스즈키 유미입니다 .　　私は鈴木ゆみです。(p.40)

> ゆみ　　：こんにちは。
> 姜珉圭：はい、こんにちは。
> ゆみ　　：初めまして。私は鈴木ゆみです。日本人です。
> 姜珉圭：お会いできてうれしいです。
> 　　　　　私は姜珉圭（カン ミンギュ）と申します。職業は会社員です。
> ゆみ　　：私は学生です。よろしくお願いします。
> 姜珉圭：韓国は初めてですか。
> ゆみ　　：はい、初めてです。

第2課　한국 사람이 아닙니다　　韓国人ではありません。(p.48)

> 姜珉圭：ゆみさん、こちらは私の友達です。
> 王薇　　：こんにちは。私は王薇（ワン ウェイ）です。
> ゆみ　　：こんにちは。王薇さんも韓国人ですか。
> 王薇　　：いいえ、韓国人ではありません。中国人です。留学生です。
> 〈中華料理店〉
> ゆみ　　：珉圭さん、これは何ですか。
> 姜珉圭：それはジャージャー麺です。これはチャンポンです。
> ゆみ　　：あ、そうですか。ジャージャー麺はおいしいですか。
> 王薇　　：とてもおいしいです。

第3課　편의점이 있습니까 ?　　コンビニがありますか。(p.56)

> 勇人　　：近くにコンビニがありますか。
> 李秀珍：はい、公園の前にあります。
> 勇人　　：ありがとうございます。
> 　　　　　ところで、秀珍さん　明日時間がありますか。
> 李秀珍：明日は友達と約束があります。
> 勇人　　：週末はどうですか。
> 李秀珍：ごめんなさい。週末も時間がありません。

第4課　주말에 운동합니다．　　週末に運動します。(p.64)

李秀珍：ゆみさんは運動が好きですか。
ゆみ　：はい、好きです。主に週末に運動します。
李秀珍：どこで運動をしますか。
ゆみ　：スポーツセンターでエアロビクスをします。
　　　　秀珍さんは運動をしますか。
李秀珍：いいえ、運動が嫌いです。
　　　　でも、普段は朝、散歩をします。
ゆみ　：そうですね。朝の散歩は体に良いです。
　　　　私も朝 公園を散歩します。

第5課　어디에 있어요？　　どこにありますか。(p.74)

ゆみ　：バスの停留所はどこにありますか。
姜珉圭：コンビニの前にあります。あそこでバスに乗ります。
ゆみ　：ありがとうございます。そして郵便局はどこですか。
姜珉圭：ここには郵便局はありません。
　　　　ところで、バスでとこへ行くんですか。
ゆみ　：南山ソウルタワーへ行きます。約束があります。
姜珉圭：気をつけて行ってらっしゃい。

第6課　바다도 보고 회도 먹습니다．　　海も見て、刺身も食べます。(p.80)

　秀珍さんと私は友達です。秀珍さんは大学で日本語を勉強しています。私は会社に勤めています。
　釜山に秀珍さんの友達が住んでいます。秀珍さんの友達も日本語を勉強しています。今度の週末に秀珍さんと一緒に秀珍さんの友達に会いに釜山へ行きます。釜山まではKTXで行きます。釜山で海も見て、刺身も食べます。そしてショッピングをします。週末が待ち遠しいです。

第7課　바다는 보이지 않습니다．　　海は見えません。(p.88)

綾香　：秀珍さん、今からどこへ行きますか。
李秀珍：まず、西面（ソミョン）へ行きます。
綾香　：ここから西面までどうやって行きますか。
李秀珍：バスも地下鉄も行きます。
　　　　今は道が混みます。地下鉄が早いです。

綾香　　：西面から海が見えますか。

李秀珍：いいえ、西面から海は見えません。

綾香　　：いつ海を見に行きますか。

李秀珍：今は行きません。午後に見に行きます。

綾香　　：海を見にどこへ行きますか。

李秀珍：海雲台へ行きます。

第8課　취미가 뭐예요？　　趣味は何ですか。(p.94)

姜珉圭：ゆみさん、趣味は何ですか。

ゆみ　：私の趣味は写真と読書です。珉圭さんは？

姜珉圭：私はインターネットゲームです。主に週末にやります。
　　　　ゆみさんはいつ写真を撮るんですか。

ゆみ　：週末に北漢山へ行きます。自然が好きです。
　　　　そこでお花を撮ります。

姜珉圭：これはゆみさんの雑誌ですか。

ゆみ　：いいえ、それは私の雑誌じゃありません。

第9課　가족을 만나고 싶어요.　　家族に会いたいです。(p.104)

姜珉圭：勇人さんはいつから夏の休暇ですか。

勇人　：来週の水曜日から再来週の日曜日までです。

姜珉圭：そうですか。休暇のとき、何をしますか。

勇人　：ふるさとへ帰ります。家族に会いたいです。
　　　　そして、友達たちも私に会いたがっています。

姜珉圭：そうでしょうね。

勇人　：珉圭さんは休暇のとき、どこへ行きますか。

姜珉圭：どこへも行きません。家で休みます。

勇人　：では、私と一緒に日本へ行きましょう。

姜珉圭：ありがとうございます。だが、ただ家で休むつもりです。

第10課　생일이 언제예요？　　誕生日はいつですか。(p.112)

〈時計店で〉

ゆみ　：秀珍さん、この時計、どうですか？

李秀珍：かっこいいですね。誰の時計を買うんですか。

ゆみ　：彼氏（ボーイフレンド）の誕生日プレゼントです。
　　　　（店員に）すみません。この時計、いくらですか。

店員 ：25 万ウォンです。

ゆみ ：これください。

〈コーヒーショップで〉

李秀珍：ゆみさんの誕生日はいつですか。

ゆみ ：6 月 30 日です。秀珍さんは？

李秀珍：私は、来週の木曜日です。9 月 16 日。

ゆみ ：そうですか。私たちパーティーしましょうか。

李秀珍：いいですね。しましょう。

第 11 課　치과는 몇 시까지예요 ?　　歯医者は何時までですか。(p.122)

勇人 ：近くに歯医者がありますか。

李秀珍：はい、あります。どうしたんですか。

勇人 ：昨日から歯が痛いんです。親知らずです。

李秀珍：痛そうですね。あそこの薬局の右側にあります。

　　　　1 階は花屋です。そこの 2 階が歯医者です。

勇人 ：ありがとうございます。歯医者は何時までですか。

李秀珍：夕方 7 時までです。朝は 9 時 30 分からです。

勇人 ：今日も診療やっていますよね？

李秀珍：あ、ちょっと待ってください。今日は水曜日ですね。

　　　　水曜日は休診日です。

勇人 ：仕方ないですね。明日行きます。

第 12 課　이 사과 얼마예요 ?　　このりんご、いくらですか。(p.132)

〈青果店で〉

ゆみ：すみません。このりんご、いくらですか。

店員：5 つで 10,000 ウォンです。

ゆみ：いちごはいくらですか。

店員：1（ひと）カゴ　12,500 ウォンです。

ゆみ：いちごが高いですね。ちょっと安くしてください。

店員：はい、いいですよ。では、12,000 ウォンください。

ゆみ：ありがとうございます。りんご 5 つといちご 1（ひと）カゴください。

　　　そして、えごまの葉も 2 束ください。

店員：どうぞ。全部で 25,000 ウォンです。

　　　ありがとうございました。またお越しください。

18

第 13 課　몇 시에 가십니까 ?　　何時に行かれますか。(p.140)

勇人　：綾香さん、崔先生（教授）の退任式へ行かれるんですよね？
綾香　：はい、後でゆみさんと一緒に行きます。
勇人　：何時に行かれますか。
綾香　：5 時に出発します。
勇人　：すみませんが、私のプレゼントを先生にお渡しください。
綾香　：はい、いいですよ。ところで、勇人さんは行かれないんですか。
勇人　：僕も行きたいんですが、今日はアルバイトがあります。
綾香　：そうなんですね。わかりました。
勇人　：僕が明日先生にお電話差し上げます。

第 14 課　독일에 갔어요 ?　　ドイツへ行ったんですか。(p.154)

ゆみ　：珉圭さん、これお土産です。
　　　　そして、これは王薇さんにあげてください。
姜珉圭：ありがとうございます。これは何ですか。
ゆみ　：ドイツの工芸品です。
姜珉圭：ドイツへ行ったんですか。
ゆみ　：はい、先週の日曜日までの 2 週間行ってきました。
姜珉圭：ドイツはどうでしたか。
ゆみ　：とてもよかったです。天気もよかったし。
　　　　特にライン川は大変美しかったです。
姜珉圭：そうだったんですね。後で写真、見せてください。

第 15 課　한국말을 잘하네요 .　　韓国語が上手ですね。(p.166)

姜珉圭：ゆみさんは韓国語が上手ですね。
ゆみ　：いいえ、まだ上手じゃありません。王薇さんが私よりもっと上手です。
姜珉圭：ゆみさんは毎日韓国語を勉強しますか。
ゆみ　：いいえ、毎日はしません。週末にだけします。
　　　　平日にはアルバイトがあるんですよ。
姜珉圭：最近、中国語も勉強していますよね？
ゆみ　：はい、中国語を勉強し始めました。とてもおもしろいです。
姜珉圭：私も日本語を習い始めました。
　　　　今度、私たち日本語で話しましょう。ファイト！

三修社『実践韓国語トレーニング　初級編』（ISBN978-4-384-05092-9 C1087）

別冊『解答例・聞く練習のスクリプト・本文の日本語訳』